PEP GUARI

88 Combinazioni Offensive e Flussi di Gioco Posizionale dalle Sessioni di Allenamento di Pep

Pubblicato da

PEP GUARDIOLA

88 Combinazioni Offensive e Flussi di Gioco Posizionale dalle Sessioni di Allenamento di Pep

Prima edizione pubblicata da SoccerTutor.com in ligua inglese: Luglio 2019
Pubblicato da SoccerTutor.com in lingua italiana: Ottobre 2019
info@soccertutor.com | www.SoccerTutor.com

UK: 0208 1234 007 | **US:** (305) 767 4443 | **ROTW:** +44 208 1234 007
ISBN: 978-1-910491-36-2

Copyright: SoccerTutor.com Limited © 2019. All Rights Reserved.

Tutti i diritti riservati. Nessuna parte di questa pubblicazione può essere riprodotta, memorizzata in un sistema esterno, o trasmessa in qualsiasi forma e con qualsiasi mezzo, elettronico, meccanico, in fotocopia, registrazione o altro, senza previa autorizzazione scritta del titolare del copyright. Né può essere fatta circolare in qualsiasi forma di rilegatura o copertina diversa da quella in cui è pubblicato e senza alcuna condizione simile.

Edizione a cura di:
Alex Fitzgerald - SoccerTutor.com

Traduzione a cura di:
Luca Bertolini - allenatore UEFA B
Creatore del sito lucamistercalcio.com / email: lucamistercalcio@gmail.com

Copertina realizzata da:
Alex Macrides, Think Out Of The Box Ltd.
Email: design@thinkootb.com Tel: +44 (0) 208 144 3550

Immagini:
Immagini create da SoccerTutor.com. Tutte le immagini di questo libro sono state create con SoccerTutor.com Tactics Manager Software disponibile su www.SoccerTutor.com

Nota: Sebbene sia stato fatto ogni sforzo per assicurare l'accuratezza tecnica del contenuto di questo libro, né l'autore, né gli editori possono accettare alcuna responsabilità per eventuali danni o perdite subite a seguito dell'utilizzo di questo materiale.

SOMMARIO

PEP GUARDIOLA: PALMARES..9
PEP GUARDIOLA: LE CITAZIONI PIÙ IMPORTANTI DEI GIOCATORI 10
INFORMAZIONI UTILI...11
ORGANIZZAZIONE DELLE ESERCITAZIONI 11

ALLENARE I FLUSSI DI GIOCO POSIZIONALE DI PEP GUARDIOLA 12

LA FILOSOFIA OFFENSIVA DI PEP GUARDIOLA: LE CITAZIONI PIÙ IMPORTANTI 13
LA FILOSOFIA OFFENSIVA DI PEP GUARDIOLA: GLI ELEMENTI CHIAVE 14
IL GIOCO DI POSIZIONE DI PEP GUARDIOLA (JUEGO DE POSICIÓN).................................15
LE ZONE DI CAMPO PER GLI ALLENAMENTI DI PEP GUARDIOLA: LE AREE CHIAVE 16
LE ZONE DI CAMPO PER GLI ALLENAMENTI DI PEP GUARDIOLA: REGOLE ED OBBIETTIVI 17
L'IMPORTANZA DEGLI "HALF SPACES" (SPAZI INTERMEDI) PER PEP GUARDIOLA......................18
GLI "HALF SPACES" DI PEP GUARDIOLA, UN ESEMPIO: MANCHESTER CITY (1-4-3-3) 19

FLUSSI DI GIOCO POSIZIONALE OFFENSIVO (1-4-3-3) 20

UN ESEMPIO DI ESERCITAZIONE PER LA COSTRUZIONE DI GIOCO DAL PORTIERE......21
Un esempio di esercitazione per la costruzione di gioco dal portiere: situazione 3 c 3 in ampiezza..22
1. Esempio A: linea di passaggio verso il laterale basso (FB) chiusa e centrocampista difensivo (DM) marcato stretto 22
2. Esempio B: linea di passaggio verso il centrocampista difensivo (DM) chiusa e laterale basso (FB) marcato stretto 23
3. Esempio C: linea di passaggio verso l'esterno alto (W) chiusa e centrocampista difensivo (DM) marcato stretto 24

FLUSSI DI GIOCO POSIZIONALE OFFENSIVO: 1-4-3-3 E LATERALI BASSI INVERTITI..... 25
L' 1-4-3-3 DEL MANCHESTER CITY...27
LO SCAGLIONAMENTO OFFENSIVO 2-3-2-3 DEL MANCHESTER CITY (1-4-3-3).......................28
POSIZIONAMENTO E RICEZIONE NEGLI "HALF SPACES" (1-4-3-3)...................................29
L'ORGANIZZAZIONE DELL'ALLENAMENTO DI PEP GUARDIOLA (LATERALI BASSI INVERTITI) 30
1. Entrambi i centrocampisti offensivi combinano per attaccare negli spazi centrali.................31

2. Un centrocampista offensivo si muove verso il centro per ricevere lo scarico dall'attaccante e gioca alle spalle della linea difensiva, verso l'esterno alto 32

3. Un centrocampista offensivo riceve nell'"Half Space", conduce verso l'interno e gioca alle spalle della linea difensiva, verso l'esterno alto 33

4. Un centrocampista offensivo si muove verso il centro per ricevere lo scarico dall'attaccante, conduce attraverso la linea difensiva e conclude 34

5. Un centrocampista offensivo nell'"Half Space" gioca alle spalle della linea difensiva, verso l'esterno alto, dopo lo scarico dell'attaccante... 35

6. Il centrocampista difensivo trasmette verso l'attaccante, che scarica per un centrocampista offensivo, il quale gioca alle spalle dell'ultima linea avversaria 36

7. Il laterale basso trasmette verso l'attaccante, che scarica verso un centrocampista offensivo, il quale gioca alle spalle della linea difensiva... 37

8. Il centrocampista difensivo gioca palla alta in diagonale, alle spalle della linea difensiva, verso l'esterno alto, che effettua un cross basso tagliato... 38

Flussi di gioco posizionale offensivo, variante: si aggiungono 1 difensore e 2 sagome come centrocampisti... 39

FLUSSI DI GIOCO POSIZIONALE OFFENSIVO: 1-4-3-3 E LATERALI BASSI CLASSICI 40

L'ORGANIZZAZIONE DELL'ALLENAMENTO DI PEP GUARDIOLA (LATERALI BASSI CLASSICI)........... 42

1. L'attaccante scarica palla verso un centrocampista offensivo, dopo ricezione dal centrocampista difensivo, per giocare alle spalle dell'ultima linea avversaria, verso l'esterno alto... 43

2. Finta ad esca dell'attaccante sulla trasmissione del centrocampista difensivo, in favore di un centrocampista offensivo, che si muove verso il centro e conclude... 44

3. L'attaccante gioca alle spalle dell'ultima linea avversaria, verso un centrocampista offensivo (3° uomo), dopo ricezione palla dal centrocampista difensivo... 45

4. Il centrocampista difensivo combina negli spazi centrali e trasmette palla alta, in diagonale, alle spalle dell'ultima linea avversaria, verso l'esterno alto 46

FLUSSI DI GIOCO POSIZIONALE OFFENSIVO (1-4-3-3) 47

IL BARCELLONA FC DI PEP GUARDIOLA (1-4-3-3) 49

POSIZIONAMENTO E RICEZIONE NEGLI "HALF SPACES" (1-4-3-3) 50

1. Cambiare gioco verso l'esterno alto, che riceve in profondità, attraverso trasmissioni palla a corta e media distanza 51

2. Cambiare gioco verso l'esterno alto, che riceve e conduce in avanti, attraverso trasmissioni palla a lunga distanza 52

3. Attaccare negli spazi centrali, con palla alta in profondità ed il movimento, come 3° uomo, del centrocampista offensivo 53

4. I tempi di movimento per combinare, ricevere in sovrapposizione, crossare e concludere 54

5. I tempi di movimento per combinare, cambiare gioco, crossare e concludere 55

6. Combinazione offensiva, a quattro giocatori, con palla in profondità, cross dalla fascia sinistra e conclusione. 56

7. Combinazione offensiva, a quattro giocatori, con palla in profondità, cross dalla fascia destra e conclusione. 57

FLUSSI DI GIOCO POSIZIONALE OFFENSIVO (1-3-5-2) 58

L'1-3-5-2 DI PEP GUARDIOLA AL MANCHESTER CITY 60
POSIZIONAMENTO E RICEZIONE NEGLI "HALF SPACES" (1-3-5-2) 61
L'ORGANIZZAZIONE DELL'ALLENAMENTO DI PEP GUARDIOLA (1-3-5-2) 62

Il centrocampista difensivo trasmette palla verso l'attaccante, che scarica sul movimento, attraverso il centro, del 3° uomo 63

1. Entrambi gli attaccanti si muovono incontro per combinare e il centrocampista offensivo si inserisce, come 3° uomo, alle spalle della linea difensiva 64

2. Il primo attaccante scarica palla verso il secondo e il centrocampista offensivo si muove, come 3° uomo, per ricevere al centro 65

3. Il primo attaccante scarica palla verso il secondo e il centrocampista offensivo si muove, come 3° uomo, per ricevere alle spalle della linea difensiva 66

4. Rapida combinazione di gioco tra il centrocampista offensivo e i 2 attaccanti 67

5. Costruire gioco, verso gli attaccanti, attraverso rapide combinazioni del centrocampista difensivo 68

Cambiare lato offensivo e trasmettere palla alle spalle della linea difensiva, verso il 5° esterno alto 69

1. Cambio di gioco verso il 5° esterno alto, che riceve, in sovrapposizione, alle spalle della linea difensiva 70

2. Cambio di gioco del centrocampista difensivo, con palla alta, verso il 5° esterno alto e movimento, come 3° uomo, del centrocampista offensivo 71

3. Cambio di gioco attraverso combinazioni con palla corta, alle spalle della linea difensiva, verso il 5° esterno alto 72

4. Il primo attaccante scarica palla verso il secondo, per cambiare gioco, alle spalle della linea difensiva, verso il 5° esterno alto 73

5. Combinazione di gioco con il centrocampista difensivo e trasmissione palla alle spalle della linea difensiva, verso il 5° esterno alto, lungo il lato debole 74

6. L'attaccante scarica palla verso il centrocampista offensivo, lungo il lato debole, per cambiare gioco e trasmettere alle spalle della linea difensiva, verso il 5° esterno alto 75

L'attaccante scarica verso il centrocampista offensivo per trasmettere alle spalle della linea difensiva avversaria 76

1. Il centrocampista offensivo trasmette palla alta, dal centro, verso il 5° esterno alto 78

2. Il centrocampista offensivo riceve lo scarico dall'attaccante più avanzato sulla corsa e gioca alle spalle della linea difensiva, verso il 5° esterno alto 79

3. Il centrocampista offensivo riceve lo scarico dall'attaccante sulla corsa e gioca alle spalle della linea difensiva, verso il 5° esterno alto(1) 80

4. Il centrocampista offensivo riceve lo scarico dall'attaccante sulla corsa e gioca alle spalle della linea difensiva, verso il 5° esterno alto (2) 81

5. Trasmissioni palla tra le linee e movimento, come 3° uomo, del 5° esterno alto, per ricevere alle spalle della linea difensiva 82

6. Il centrocampista offensivo riceve lo scarico dall'attaccante più avanzato e trasmette palla verso il secondo attaccante, alle spalle della linea difensiva 83

Pep Guardiola ferma la sessione di allenamento, in questo momento, per apportare alcuni cambiamenti. 84

Il centrocampista offensivo si muove incontro e l'attaccante si porta nell'"Half Space", come giocatore di collegamento 85

1. L'attaccante riceve uno scarico nell'"Half Space" e trasmette all'interno, verso un centrocampista offensivo, che conduce alle spalle della linea difensiva 86

2. Doppio scarico palla, per permettere al centrocampista difensivo di trasmettere verso il 5° esterno alto, alle spalle dell'ultima linea avversaria 87

3. Combinazione 1-2 del 5° esterno alto con l'attaccante, nell'"Half Space", per ricevere alle spalle della linea difensiva 88

4. Il 5° esterno alto si muove incontro, e successivamente in avanti, per ricevere palla dall'attaccante, in ampiezza e alle spalle della linea difensiva 89

5. Il centrocampista offensivo si muove incontro e l'attaccante scivola attraverso il centro, per combinare all'interno dell'"Half Space" e cambiare gioco 90

6. Il centrocampista offensivo trasmette palla alta, per cambiare gioco da un esterno all'altro 91

7. L'attaccante si muove verso l'"Half Space", per scaricare palla al centrocampista offensivo, che trasmette al 5° esterno alto 92

8. L'attaccante avanzato scarica verso il secondo attaccante, che trasmette palla alta in diagonale, verso il 5° esterno alto, alle spalle della linea difensiva 93

Consolidare il possesso, prima di trasmettere una palla alta decisiva, in diagonale, alle spalle della linea difensiva avversaria 94

1. Entrambi gli attaccanti si muovono incontro per combinare e il centrocampista offensivo si inserisce, come 3° uomo, alle spalle della linea difensiva 95

2. Combinazione di gioco con scarichi palla multipli, trasmissione alta, in diagonale, verso l'attaccante, alle spalle della linea difensiva 96

3. Rapida combinazione di gioco al centro, con scarichi palla e trasmissione alta, in diagonale, verso il 5° esterno alto, alle spalle della linea difensiva (1) 97

4. Doppio cambio di gioco, da un esterno alto all'altro, attraverso scarico e trasmissione palla alta,

in diagonale, alle spalle della linea difensiva 98

5. Rapida combinazione di gioco al centro, con scarichi palla e trasmissione alta, in diagonale, verso il 5° esterno alto, alle spalle della linea difensiva (2) 99

6. Rapida combinazione di gioco nell'"Half Space" e trasmissione palla alta, in diagonale, verso il 5° esterno opposto.. 100

Combinazioni di gioco, attraverso movimenti "dai e vai" e "sovrapposizione interna", del 5° esterno alto 101

1. Doppia combinazione 1-2, per permettere al 5° esterno alto di ricevere palla, alle spalle della linea difensiva (1) 102

2. Doppia combinazione 1-2, per permettere al 5° esterno alto di ricevere palla, alle spalle della linea difensiva (2) 103

3. Giocare in ampiezza, verso il 5° esterno alto e trasmettere palla, alle spalle della linea difensiva, sul movimento in sovrapposizione interna, del centrocampista offensivo 104

4. Cambiare gioco, verso il 5° esterno alto e trasmettere palla, alle spalle della linea difensiva, sul movimento in sovrapposizione interna, del centrocampista offensivo 105

5. Giocata in profondità tra linee combinazione 1-2 in ampiezza, con il movimento in sovrapposizione interna del centrocampista offensivo 106

Penetrazione del centrocampista offensivo per ricevere e condurre palla negli spazi centrali 107

1. Rapida combinazione di gioco, all'interno ed intorno all'"Half Space" e trasmissione palla verso il centrocampista offensivo, che conduce alle spalle della linea difensiva 108

2. Entrambi gli attaccanti si muovono lateralmente, combinando e creando spazio per la conduzione di palla del centrocampista offensivo, alle spalle dell'ultima linea avversaria 109

COMBINAZIONI OFFENSIVE E FASE DI CONCLUSIONE 110

Combinazioni di gioco offensive per creare occasioni di conclusione 112

1. Trasmettere palla e proporsi per ricevere, nelle combinazioni offensive con scarico, conduzione e conclusione 113

2. Trasmissioni palla in combinazione, 1-2 per ricevere alle spalle della linea difensiva e conclusione 114

3. Trasmissioni palla in combinazione, ricezione sulla corsa di un passaggio rasoterra, 1-2 e tiro in porta 115

4. Trasmissioni palla in combinazione, ricezione sulla corsa di un passaggio alto, 1-2 e tiro in porta. 116

5. Trasmissioni palla in combinazione e passaggio alto, in diagonale, alle spalle della linea difensiva, sulla corsa del 3° uomo e conclusione 117

6. 1-2, trasmissione palla in ampiezza e in profondità, cross e conclusione 118

7. 1-2, trasmissione palla alta in diagonale, in profondità e movimento dell'attaccante per concludere, ricevendo un cross basso tagliato 119

8. 1-2, trasmissione palla in ampiezza, sovrapposizione interna, cross e conclusione 120

9. Skip rapido, 1-2 e trasmissione palla alta in diagonale, in profondità, per un compagno che riceve e conclude 121

10. Combinazione di gioco sul corto, trasmissione palla in ampiezza per crossare e tempi di inserimento in area di rigore.. 122

11. Combinazione con scarico, trasmissione palla in ampiezza per crossare e tempi di inserimento in area di rigore 123

12. Inserimenti in area di rigore, cross e conclusione.. 124

13. Combinazione di gioco sul corto, lungo la fascia laterale, cross e conclusione 125

14. Esercitazione 5 c 2 per combinazione di gioco sul corto, al centro, trasmissione palla in ampiezza, 1-2, cross basso tagliato e conclusione 126

Duelli 3 c 2 per combinazioni di gioco offensive 127

1. Rapidi duelli 3 c 2 (+portiere) 128

2. Rapidi duelli 3 c 2 (+portiere), con 1 difensore che parte da posizione laterale.................. 129

Combinazioni di gioco offensive a circuito 130

1. Combinazione di gioco a circuito, con trasmissione palla, alle spalle della linea difensiva e conclusione, abbinata ad esercizi di rapidità 131

2. Combinazione di gioco a circuito, con trasmissione palla alta, in diagonale, alle spalle della linea difensiva e conclusione, abbinata ad esercizi di rapidità 132

3. Combinazione di gioco a circuito, con conduzione di palla alle spalle della linea difensiva e conclusione, abbinata ad esercizi di rapidità 133

4. Trasmissioni palla a circuito, abbinate ad esercizi di rapidità, conduzione e conclusione 134

Combinazioni di gioco offensive nelle proposte atletiche di resistenza e rapidità 135

1. Circuito di attivazione con trasmissione palla, conduzione e conclusione 136

2. Circuito di attivazione con combinazione di gioco, doppia sequenza 1-2 e conclusione 137

3. Esercitazione per la rapidità, con doppia combinazione 1-2, cross e conclusione 138

4. Esercitazione atletica e di rapidità, con combinazione 1-2 in ampiezza, cross e conclusione...... 139

5. Esercitazione di resistenza alla velocità, con ricezione palla in profondità sulla fascia, cross ed allenamento dei tempi di inserimento in area di rigore 140

6. Rapida combinazione di gioco, con scarico palla, sovrapposizione, cross e conclusione......... 141

7. Esercitazione per resistenza e rapidità, con azioni combinate, cross e conclusione............... 142

8. Esercitazione di resistenza alla velocità, con combinazioni 1-2, sovrapposizioni per crossare ed allenamento dei tempi di inserimento 143

PEP GUARDIOLA: PALMARES

CARRIERA

- **Manchester City** (2016 - ?)
- **Bayern Monaco** (2013 - 2016)
- **Barcellona** (2008 - 2012)
- **Barcellona B** (2007 - 2008)

"Quando ho la palla, ho l'occasione di segnare una rete."

"Il mio calcio è semplice: mi piace attaccare, attaccare e attaccare."

"Nel dubbio, torno alle basi, attaccare, attaccare, attaccare sempre."

SUCCESSI (in Europa e nel mondo)

- 2 UEFA Champions Leagues (2009, 2011)
- 3 Coppe del Mondo FIFA per Club (2009, 2011, 2013)
- 3 Supercoppe UEFA (2009, 2011, 2013)

SUCCESSI (Campionati Nazionali)

- 2 Premier Leagues - Inghilterra (2018, 2019)
- 3 Bundesliga - Germania (2014, 2015, 2016)
- 3 La Liga - Spagna (2009, 2010, 2011)
- 1 Tercera - 2a divisione spagnola (2008)

SUCCESSI (Coppe Nazionali)

- 1 FA Cup - Inghilterra (2019)
- 2 DFB-Pokal - Germania (2014, 2016)
- 2 Copa del Rey - Spagna (2009, 2012)
- 2 EFL Cup - Inghilterra (2018, 2019)
- 3 Supercopa de España - Spagna (2009, 2010, 2011)

PREMI INDIVIDUALI

- Allenatore dell'anno FIFA (2011)
- Allenatore europeo dell'anno - Associazione dei Giornalisti (2011)
- Allenatore europeo dell'anno - Alf Ramsey Award (2009)
- Allenatore dell'anno in Premier League - Inghilterra (2018)
- 4 volte allenatore dell'anno in Spagna (La Liga) (2009, 2010, 2011, 2012)

PEP GUARDIOLA: LE CITAZIONI PIÙ IMPORTANTI DEI GIOCATORI

"Ho avuto un maestro unico. Sono cresciuto molto, come giocatore, con Pep; ho imparato tanto da lui. Alcuni manager sono dei tattici di grande livello, ma Pep ti descrive anche i movimenti da compiere in campo e cosa avviene subito dopo. E succede!" (Lionel Messi)

"È un genio che legge il gioco e prevede qualsiasi situazione immaginabile. Ci mostra sempre come creare spazio e trovare soluzioni; non esiste un altro manager come lui, il che lo rende, probabilmente, il migliore al mondo." (Ilkay Gündoğan)

"C'è una cosa di cui si può essere sicuri: lui vuole dominare. Le persone associano le sue squadre al numero di goal che segnano, ma, allo stesso tempo, concedono molto poco. Vuole sempre essere un passo avanti, avere la palla, e dominare il possesso." (Thierry Henry)

"Ho imparato molto da Pep. È un genio. È possibile apprendere di più da lui in un'ora, che dagli altri in un anno. Non solo ti porta ad un livello superiore sul campo, ma anche mentalmente. Mi ha suggerito opzioni totalmente nuove, che non sapevo possibili, quando sono arrivato a Monaco. Ha trovato una nuova posizione per me." (Douglas Costa)

"È un allenatore incredibile, di un livello completamente differente, dal punto di vista tattico. Lui aiuta e sviluppa veramente i giocatori; a 30 anni, sono diventato un giocatore migliore." (Phillip Lahm)

INFORMAZIONI UTILI

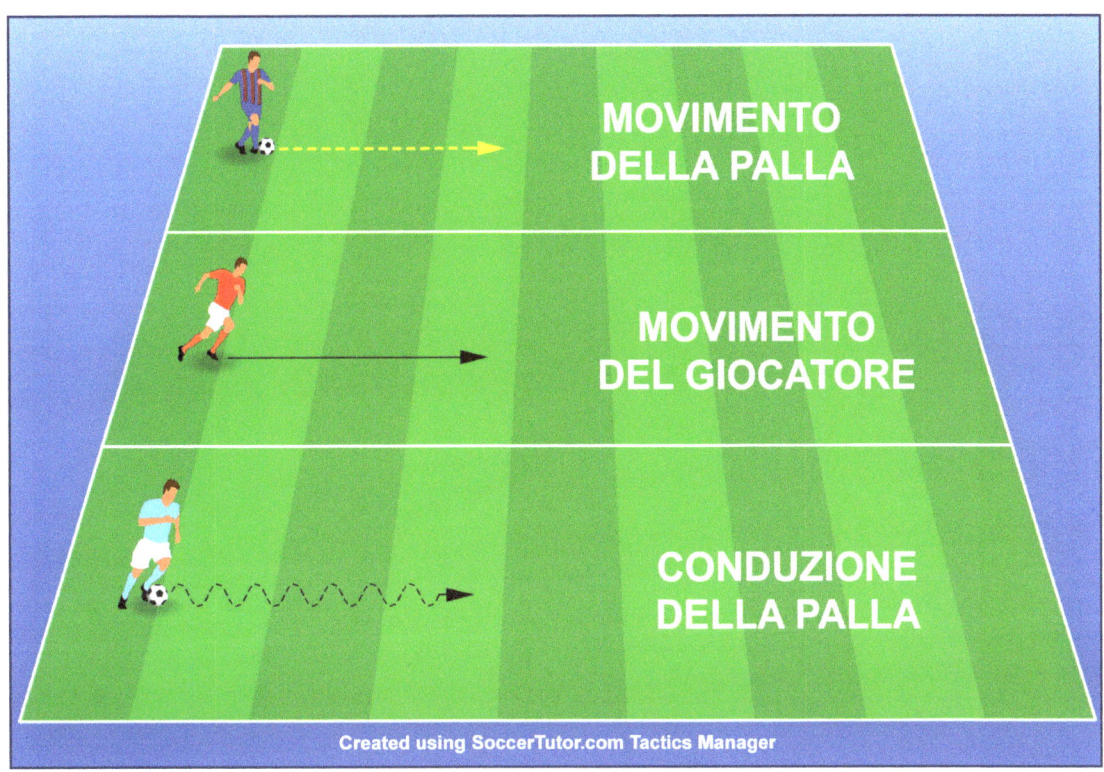

ORGANIZZAZIONE DELLE ESERCITAZIONI

- Le esercitazioni di questo libro sono tratte dalle sessioni di allenamento di Pep Guardiola al Manchester City, Bayern Monaco e Barcellona FC.

- Tema, titolo dell'esercitazione, chiara immagine esplicativa e descrizione dettagliata sono inclusi nella presentazione di ogni combinazione o flusso di gioco posizionale offensivi.

ALLENARE I FLUSSI DI GIOCO POSIZIONALE DI PEP GUARDIOLA

Allenare i flussi di gioco posizionale di Pep Guardiola

LA FILOSOFIA OFFENSIVA DI PEP GUARDIOLA: LE CITAZIONI PIÙ IMPORTANTI

"Puoi perdere palla e rischiare contrattacchi. Ma penso che non rischiare sia più rischioso."

"È impossibile restare compatti contro una difesa bassa. L'ampiezza prima, poi muoversi alle spalle."

"Cerco di muovere un avversario ben organizzato difensivamente - falli muovere, così le trasmissioni palla sono rapide e creano problemi alle strutture difensive."

"A volte le squadre pressano alto e trovi facilmente molti più spazi; altre difendono basso, con 11 giocatori in area di rigore; ok, devi trovare il modo di attaccarli."

"Amo attaccare, questa è la mia idea di calcio. È la velocità in fase offensiva che mi intriga."

"Le intenzioni sono importanti. Cerco di conquistare palla, per provare a giocare, per provare ad attaccare. Dopo di che, vinco o non vinco."

"Mentre attacchiamo, l'idea è il mantenimento della posizione, essere sempre nel posto in cui si deve."

"Richiedo dinamismo e mobilità, ma la posizione deve sempre essere coperta da un giocatore."

Fonte: intervista di Pep Guardiola a Transversales in onda su SFR Sport 1, Francia - Febbraio 2018

Allenare i flussi di gioco posizionale di Pep Guardiola

LA FILOSOFIA OFFENSIVA DI PEP GUARDIOLA: GLI ELEMENTI CHIAVE

- Non lasciare mai la posizione per chiedere palla
- Muovere l'avversario fuori posizione attraverso combinazioni di trasmissioni palla
- Esterni alti in ampiezza e profondità, lungo le linee laterali del campo, che aspettano di concludere, quando l'avversario è disorganizzato
- Dominare la partita, restando alti sul campo 
- Il possesso è solo uno strumento
- Creare situazioni 1 c 1 nelle aree chiave
- Posizionamento strutturato e movimento coordinato in avanti
- Corretto posizionamento del corpo per ricevere
- Passaggi corti e precisi
- Utilizzare il "3° uomo" in fase di costruzione per giocare tra le linee avversarie (smarcare un uomo attraverso i triangoli)
- 2 c 4 in attacco, giocatore extra a centrocampo, giocatore extra in difesa, linea difensiva alta
- Giocare con intensità e concentrazione totale, per tutta la durata della partita

Fonte: Martí Perarnau, Pep Guardiola: The Evolution. Birlinn, Edizione Kindle, 2016

Allenare i flussi di gioco posizionale di Pep Guardiola

IL GIOCO DI POSIZIONE DI PEP GUARDIOLA (JUEGO DE POSICIÓN)

- Sfruttare gli spazi in fase di possesso e coprirli in fase di non possesso
- Le opzioni di passaggio sono determinate dalla posizione della palla e i giocatori si muovono in base ad essa
- Mantenere le corrette distanze, tra un giocatore e l'altro, in relazione alla loro posizione e ai flussi di gioco
- Controllare il possesso
- Giocatori posizionati all'interno di zone specifiche
- Muovere la difesa avversaria
- Creare spazi e linee di passaggio (triangoli)
- Posizionare giocatori tra le linee
- Rompere le linee avversarie attraverso passaggi in avanti
- Trasmettere in avanti verso un compagno, nello spazio, per far avanzare l'azione, oppure verso un compagno, che abbia tempo e spazio a disposizione, per ricevere e trasmettere nuovamente
- Il corretto posizionamento è un elemento chiave di una struttura definita (organizzazione di squadra)
- Gli "Half Spaces" (vedere la pagina successiva) e la rapida riconquista della palla", subito dopo averla persa, derivano dal Juego de Posición

Fonte: Luca Bertolini, allenatore UEFA B ed autore di libri per l'allenamento del calcio - www.lucamistercalcio.com

Allenare i flussi di gioco posizionale di Pep Guardiola

LE ZONE DI CAMPO PER GLI ALLENAMENTI DI PEP GUARDIOLA: LE AREE CHIAVE

LE ZONE DI CAMPO PER GLI ALLENAMENTI DI PEP: sono aree delimitate sul campo per svolgere proposte di flussi di gioco posizionale specifiche, per massimizzare lo spazio, disorganizzare l'avversario, creare superiorità numerica e muovere la palla all'interno di zone offensive, pericolose per gli avversari ("Half Spaces").

Centrocampisti offensivi e "Half Spaces"

▶ I centrocampisti offensivi mirano a ricevere palla in questi spazi e a girarsi

▶ Da qui, i giocatori più creativi, cercano di trasmettere alle spalle della linea avversaria

Ampiezza

▶ Gli esterni offensivi agiscono in profondità e ampiezza (un 5° esterno alto dell'1-3-5-2 è più basso, solitamente)

▶ Invitano i difensori alla marcatura

▶ Si muovono alle spalle della linea difensiva avversaria, in fase di conclusione

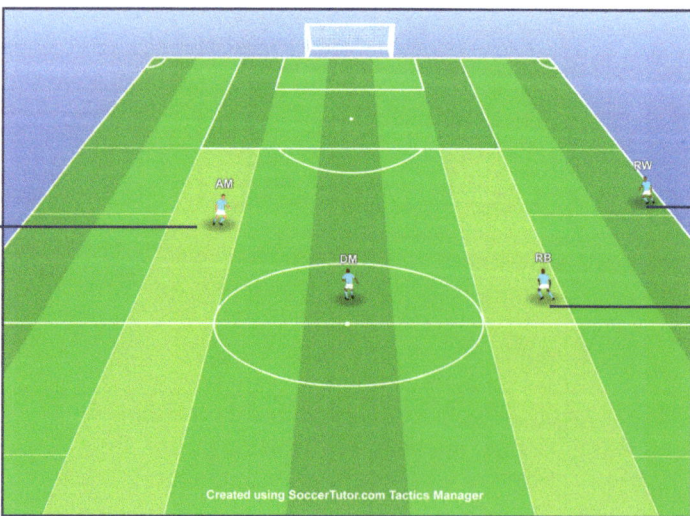

I laterali bassi invertiti e gli "Half Spaces"

▶ Nell'1-4-3-3 del Manchester City, i laterali bassi invertiti si posizionano negli "Half Spaces", per aiutare a muovere la palla dai centrali difensivi verso gli attaccanti

▶ In questo modo, il centrocampista difensivo può restare posizionato al centro

Allenare i flussi di gioco posizionale di Pep Guardiola

LE ZONE DI CAMPO PER GLI ALLENAMENTI DI PEP GUARDIOLA: REGOLE ED OBIETTIVI

Possesso palla efficace, costruzione graduale come mezzo per muovere gli avversari e disorganizzare la loro difesa

Penetrazione efficace e ricezione palla tra la linea di centrocampo e quella di difesa avversarie

Successivamente al controllo del possesso, raggiungere l'area di rigore avversaria con più giocatori pronti ad attaccare un passaggio filtrante o un cross

Le zone in ampiezza e profondità devono sempre essere occupate dagli esterni alti, nell'1-3-5-2 di Pep Guardiola

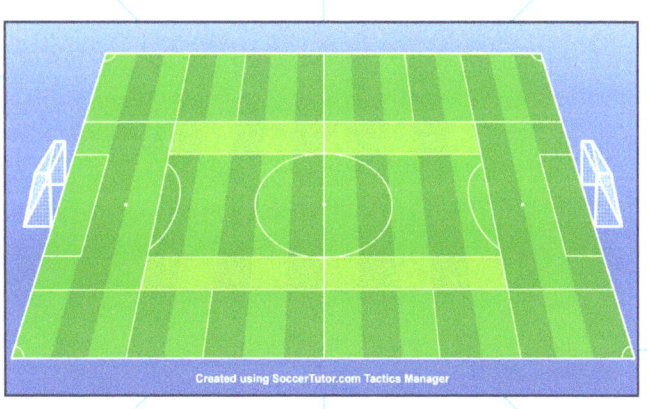

Le zone in ampiezza, in basso sul campo, devono sempre essere occupate dai "quinti esterni", nell'1-3-5-2 di Pep Guardiola

"Solo il posizionamento in ampiezza e profondità, blocca indietro 4 avversari, visto il pericolo di giocate alle spalle della linea difensiva" (Thierry Henry)

*"Con Xavi, Iniesta, Busquets, Messi, Fabregas, è normale giocare in quella porzione di campo, al **centro**"* (Pep Guardiola)

"Con giocatori come Sanè, Sterling e De Bruyne, attacchiamo maggiormente gli spazi" (Pep Guardiola)

Allenare i flussi di gioco posizionale di Pep Guardiola

L'IMPORTANZA DEGLI "HALF SPACES" (SPAZI INTERMEDI) PER PEP GUARDIOLA

COSA SONO GLI "HALF SPACES" DI PEP GUARDIOLA?

Gli "Half Spaces", o "Spazi Intermedi", sono canali interni, tra i laterali bassi e i centrali difensivi avversari, su entrambi i lati dell'area (vedere la figura nella pagina successiva). Pep Guardiola mira a posizionare i giocatori migliori e più creativi negli "Half Spaces" e a far ricevere loro palla in queste zone.

- Pep Guardiola chiede che i centrocampisti offensivi del Manchester City, **Silva (21)**, **De Bruyne (17)** e **Bernardo (20)** ricevano palla negli "Half Space", in alto sul campo. Da lì, devono cercare di trasmettere alle spalle della linea difensiva.

- Il Manchester City cerca di assicurarsi la superiorità numerica a centrocampo, grazie ai laterali bassi invertiti, **Walker (2)** e **Zinchenko (35)** o **Delph (18),** che si posizionano centralmente, creando uno scaglionamento offensivo 2-3-2-3 (vedere pagina 28).

- I laterali bassi invertiti (1-4-3-3) sono posizionati all'interno degli "Half Spaces" e aiutano a muovere palla dai difensori centrali verso gli attaccanti, oltre a consentire al centrocampista difensivo **Fernandinho (25)** il mantenimento della posizione centrale.

- Gli esterni alti **Sterling (7)**, **Sanè (19)**, **Mahrez (26)** e talvolta **Bernardo (20)** agiscono in ampiezza e profondità, lungo le linee laterali del campo, costringendo i laterali bassi avversari a ripiegare e creando spazi da sfruttare centralmente, e negli "Half Spaces", per i compagni di squadra.

- Al Bayern Monaco, Pep Guardiola chiedeva ai propri esterni alti (o attaccanti esterni), **Robben** e **Ribery,** di ricevere palla negli "Half Spaces", in alto sul campo, di tagliare all'interno per concludere; questo perché loro erano i giocatori più pericolosi.

- Questo significa che i laterali bassi, o comunque i difensori esterni, restavano posizionati in ampiezza, per lasciare spazio negli "Half Spaces."

- Al Barcellona, Pep Guardiola voleva che i propri centrocampisti offensivi, **Xavi** e **Iniesta,** ricevessero palla negli "Half Spaces", in profondità.

- Gli esterni alti restavano posizionati in ampiezza, per invitare i difensori alla marcatura e liberare gli "Half Spaces", perché **Xavi** e **Iniesta** potessero ricevere al loro interno e giocare palla alle spalle della linea difensiva avversaria.

Fonte: Luca Bertolini, allenatore UEFA B ed autore di numerosi libri per l'allenamento del calcio - www.lucamistercalcio.com

Allenare i flussi di gioco posizionale di Pep Guardiola

GLI "HALF SPACES" DI PEP GUARDIOLA, UN ESEMPIO: MANCHESTER CITY (1-4-3-3)

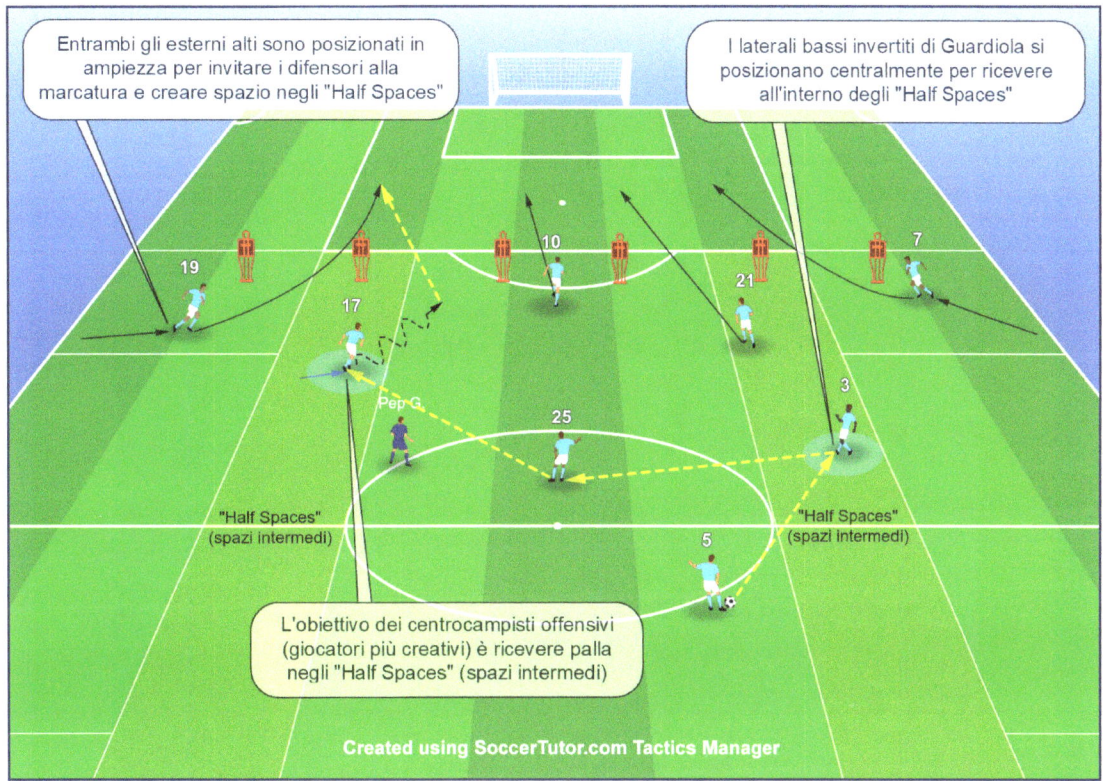

- Il Manchester City è schierato con l'1-4-3-3, i laterali bassi invertiti sono posizionati all'interno degli "Half Spaces" per aiutare a muovere la palla dai difensori centrali verso i giocatori offensivi.

- Se i centrocampisti offensivi del Manchester City riescono a ricevere palla, smarcati, all'interno degli "Half Spaces", e possono girarsi, tentano di trasmettere alle spalle della linea difensiva avversaria.

- Entrambi gli esterni alti (**19 e 7**) si posizionano in ampiezza, lungo le linee laterali del campo, per occupare i difensori avversari e assicurarsi che ci sia spazio sufficiente alla ricezione della palla, per i compagni di squadra (centrocampisti offensivi), all'interno degli "Half Spaces", .

- In questo esempio, il centrocampista difensivo **Fernandinho (25)** riceve dal laterale basso invertito destro **Sagna (3)** e trasmette palla al centrocampista offensivo **De Bruyne (17)** all'interno dell'"Half Space."

- Da questo punto, **De Bruyne (17)** ha varie opzioni per giocare alle spalle della linea difensiva avversaria.

FLUSSI DI GIOCO POSIZIONALE OFFENSIVO (1-4-3-3)

Un esempio di esercitazione per la costruzione di gioco dal portiere

Da una sessione di allenamento di Pep Guardiola al Bayern Monaco

Pep Guardiola: un esempio di esercitazione per la costruzione di gioco dal portiere (1-4-3-3)

Un esempio di esercitazione per la costruzione di gioco dal portiere: situazione 3 c 3 in ampiezza

Le esercitazioni che seguono in questa sezione mostrano i flussi di gioco posizionale di Pep Guardiola per attaccare nella metà campo avversaria. Le squadre di Pep affrontano, molto spesso, avversari che difendono in profondità, nella propria metà campo; quindi questi schemi sono utili per trovare soluzioni offensive e creare occasioni da goal. La proposta qui mostrata è tratta da una sessione di allenamento di Pep Guardiola al Bayern Monaco nel 2015, in cui i giocatori lavorano sulla costruzione di gioco, nella propria metà campo, da calcio di rinvio.

Esempio A: linea di passaggio verso il laterale basso (FB) chiusa e centrocampista difensivo (DM) marcato stretto

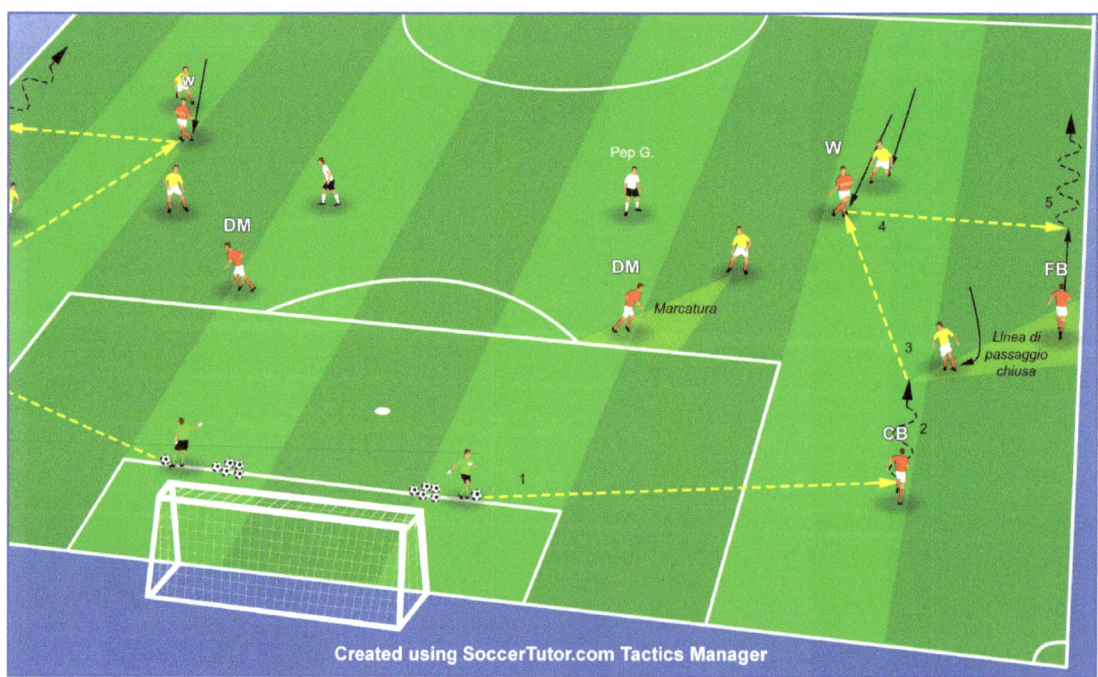

Descrizione (Esempio A)

Il portiere trasmette palla al difensore centrale (**CB**), che conduce in avanti.

L'esterno alto avversario chiude la linea di passaggio verso il laterale basso (**FB**) e il centrocampista difensivo (**DM**) è marcato stretto.

L'esterno alto (**W**) si muove incontro, come opzione di passaggio, ed invita il proprio marcatore a seguirlo.

Il difensore centrale (**CB**) gioca palla all'esterno alto (**W**), che trasmette, di prima intenzione, verso il laterale basso (**FB**), il quale si muove in avanti per ricevere e condurre.

Fonte: sessione di allenamento di Pep Guardiola al Bayern Monaco, Doha, Qatar - 17 Gennaio 2015

Pep Guardiola: un esempio di esercitazione per la costruzione di gioco dal portiere (1-4-3-3)

Esempio B: linea di passaggio verso il centrocampista difensivo (DM) chiusa e laterale basso (FB) marcato stretto

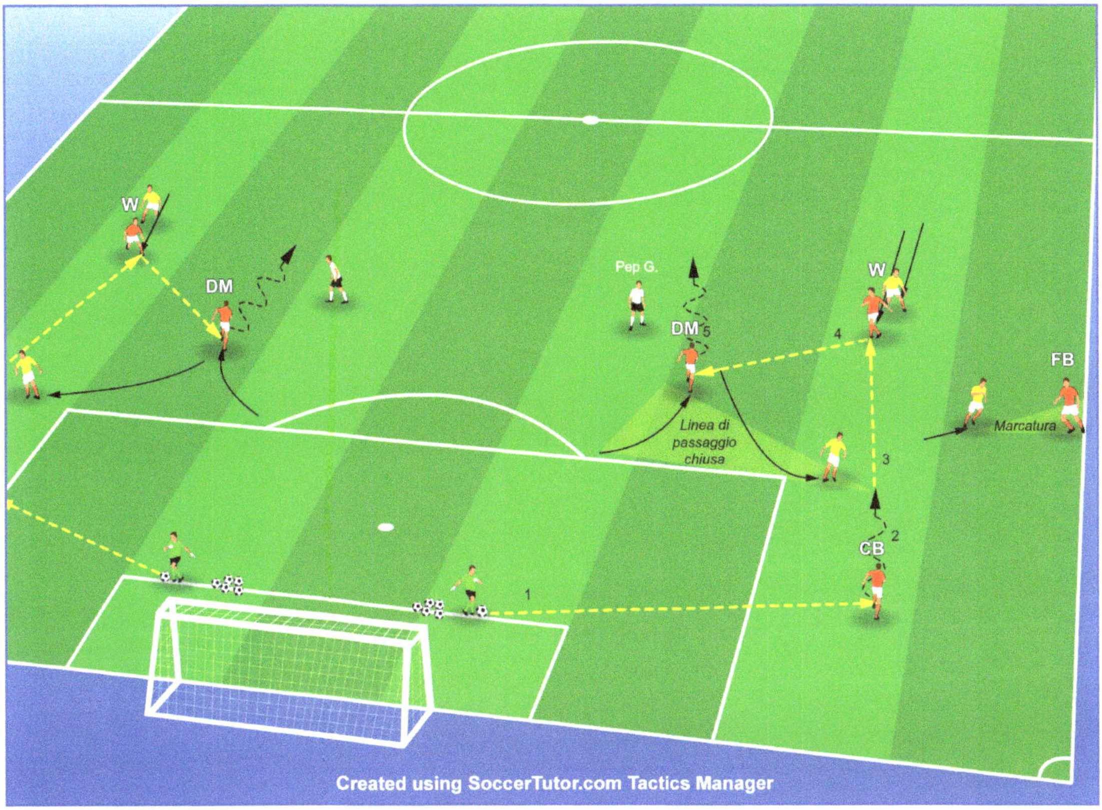

Descrizione (Esempio B)

In questa variante, la linea di passaggio verso il centrocampista difensivo (**DM**) è chiusa e il laterale basso (**FB**) è marcato stretto.

L'esterno alto (**W**) si muove nuovamente incontro, come opzione di passaggio, ed invita il proprio marcatore a seguirlo.

Il difensore centrale (**CB**) trasmette palla all'esterno alto (**W**), che che trasmette, di prima intenzione, verso il centrocampista difensivo (**DM**).

Il centrocampista difensivo (**DM**) si muove in avanti per ricevere e condurre palla nello spazio.

Fonte: sessione di allenamento di Pep Guardiola al Bayern Monaco, Doha, Qatar - 17 Gennaio 2015

Pep Guardiola: un esempio di esercitazione per la costruzione di gioco dal portiere (1-4-3-3)

Esempio C: linea di passaggio verso l'esterno alto (W) chiusa e centrocampista difensivo (DM) marcato stretto

Descrizione (Esempio C)

In questa variante, il centrocampista difensivo (**DM**) è marcato stretto.

L'esterno alto (**W**) si muove nuovamente incontro, come opzione di passaggio, ed invita il proprio marcatore a seguirlo, ma l'esterno alto avversario si posiziona per chiudere la linea di passaggio.

Di conseguenza, il difensore centrale (**CB**) trasmette, in ampiezza, verso il laterale basso (**FB**), che è libero di ricevere e condurre palla in avanti, nello spazio creato.

Fonte: sessione di allenamento di Pep Guardiola al Bayern Monaco, Doha, Qatar - 17 Gennaio 2015

Flussi di gioco posizionale offensivo:
1-4-3-3 e laterali bassi invertiti

Da una sessione di allenamento di Pep Guardiola al Manchester City

Flussi di gioco posizionale offensivo di Pep Guardiola: 1-4-3-3 e laterali bassi invertiti

"Mi incuriosisce chi afferma che non è possibile giocare così in Germania o in Premier League, con Silva, Bernardo e Agüero, tutti alti 1,5 m. Invece l'abbiamo fatto, subendo pochi goal e dominando le partite attraverso il gioco di posizione."

Fonte: intervista a Pep Guardiola di Antoni Bassas, per il Daily ARA, pubblicata il 5 Luglio 2019

Flussi di gioco posizionale offensivo di Pep Guardiola: 1-4-3-3 e laterali bassi invertiti

L'1-4-3-3 DEL MANCHESTER CITY

[Campo con formazione: 10. Agüero, 19. Sané, 7. Sterling, 17. De Bruyne, 21. Silva, 11. Kolarov, 25. Fernandinho, 3. Sagna, 30. Otamendi, 5. Stones]

- **30. Otamendi:** difensore centrale sinistro
- **5. Stones:** difensore centrale destro
- **11. Kolarov:** laterale basso sinistro
- **3. Sagna:** laterale basso destro
- **25. Fernandinho:** centrocampista difensivo

- **17. De Bruyne:** centrocampista offensivo sinistro
- **21. Silva:** centrocampista offensivo destro
- **19. Sanè:** esterno alto sinistro
- **7. Sterling:** esterno alto destro
- **10. Agüero:** attaccante

Fonte: sessione di allenamento di Pep Guardiola al Man City - Etihad Campus Training Ground, Manchester - 12 Luglio 2017

Flussi di gioco posizionale offensivo di Pep Guardiola: 1-4-3-3 e laterali bassi invertiti

LO SCAGLIONAMENTO OFFENSIVO 2-3-2-3 DEL MANCHESTER CITY (1-4-3-3)

- Il Manchester City di Pep Guardiola si scagliona con un 2-3-2-3, in fase offensiva, creando 4 linee attraverso cui muovere la palla. I laterali bassi diventano "invertiti" e si posizionano più centralmente, per ricevere all'interno degli "Half Spaces" (vedere la pagina successiva per maggiori dettagli).

- Il centrocampista difensivo **Fernandinho (25)**, in questa formazione 2-3-2-3, può rimanere in posizione centrale, senza la necessità di coprire lo spazio sulla destra o sinistra.

- I 2 esterni alti, **Sterling (7) e Sanè (19)**, si posizionano in ampiezza, occupando i difensori avversari e lasciando spazio ai loro compagni di squadra, che possono ricevere palla al centro e negli "Half Spaces".

- I difensori centrali, **Stones (5) e Otamendi (30)**, possono trasmettere al centrocampista difensivo o verso un laterale basso invertito, che, successivamente, muovono palla verso l'attaccate o i centrocampisti offensivi.

- Gli esterni alti, **Sterling (7) e Sanè (19)**, diventano attivi solo nella fase di conclusione muovendosi, senza palla, alle spalle della linea difensiva; ricevono e concludono, oppure giocano cross bassi in area di rigore.

Fonte: sessione di allenamento di Pep Guardiola al Man City - Etihad Campus Training Ground, Manchester - 12 Luglio 2017

Flussi di gioco posizionale offensivo di Pep Guardiola: 1-4-3-3 e laterali bassi invertiti

POSIZIONAMENTO E RICEZIONE NEGLI "HALF SPACES" (1-4-3-3)

- Se i centrocampisti offensivi del Manchester City ricevono palla smarcati, all'interno degli "Half Spaces", e possono girarsi, tentano di trasmettere alle spalle della linea difensiva avversaria.

- Pep Guardiola chiede ai propri esterni alti (19 e 7) di posizionarsi in ampiezza, per occupare i difensori e lasciare spazio ai centrocampisti offensivi, perché possano ricevere smarcati e girarsi all'interno dell'"Half Space."

- Chiede anche ai laterali bassi invertiti, Sagna (3), nell'esempio in figura, di ricevere palla all'interno dell'"Half Space" e di prendere parte alla fase di costruzione tra le linee avversarie.

- Il Manchester City è schierato con l'1-4-3-3, in questo esempio, e il laterale basso destro invertito Sagna (3) trasmette al centrocampista difensivo Fernandinho (25), che gioca palla al centrocampista offensivo De Bruyne (17), all'interno dell'"Half Space."

- A questo punto, De Bruyne (17) ha varie opzioni per trasmettere alle spalle della linea difensiva avversaria. Nell'esempio in figura, conduce palla e gioca sulla corsa dell'esterno alto Sanè (19).

Fonte: sessione di allenamento di Pep Guardiola al Man City - Etihad Campus Training Ground, Manchester - 12 Luglio 2017

Flussi di gioco posizionale offensivo di Pep Guardiola: 1-4-3-3 e laterali bassi invertiti

L'ORGANIZZAZIONE DELL'ALLENAMENTO DI PEP GUARDIOLA (LATERALI BASSI INVERTITI)

2 giocatori, in ogni posizione, si alternano nello svolgimento della proposta

- Questa figura mostra l'impostazione dello spazio in campo che Pep Guardiola utilizza per lavorare sui flussi di gioco posizionale (1-4-3-3), con i laterali bassi invertiti.

- Gli allenatori si posizionano su entrambi i lati con molti palloni, pronti a trasmettere verso i difensori centrali, per iniziare il gioco (fase di costruzione).

- 6 sagome sono posizionate in linea, al di fuori dell'area di rigore, come mostrato.

- In ogni posizione, ci sono 2 giocatori (1 blu e 1 giallo), formando 2 squadre da 10 giocatori di movimento, che eseguono la proposta.

- Le 2 squadre lavorano sugli schemi definiti da Pep Guardiola, alternativamente. Non appena una squadra conclude il proprio turno, i giocatori tornano verso le posizioni di partenza, in corsa, e l'altra inizia una nuova sequenza.

Fonte: sessione di allenamento di Pep Guardiola al Man City - Etihad Campus Training Ground, Manchester - 12 Luglio 2017

Flussi di gioco posizionale offensivo di Pep Guardiola: 1-4-3-3 e laterali bassi invertiti

1. Entrambi i centrocampisti offensivi combinano per attaccare negli spazi centrali

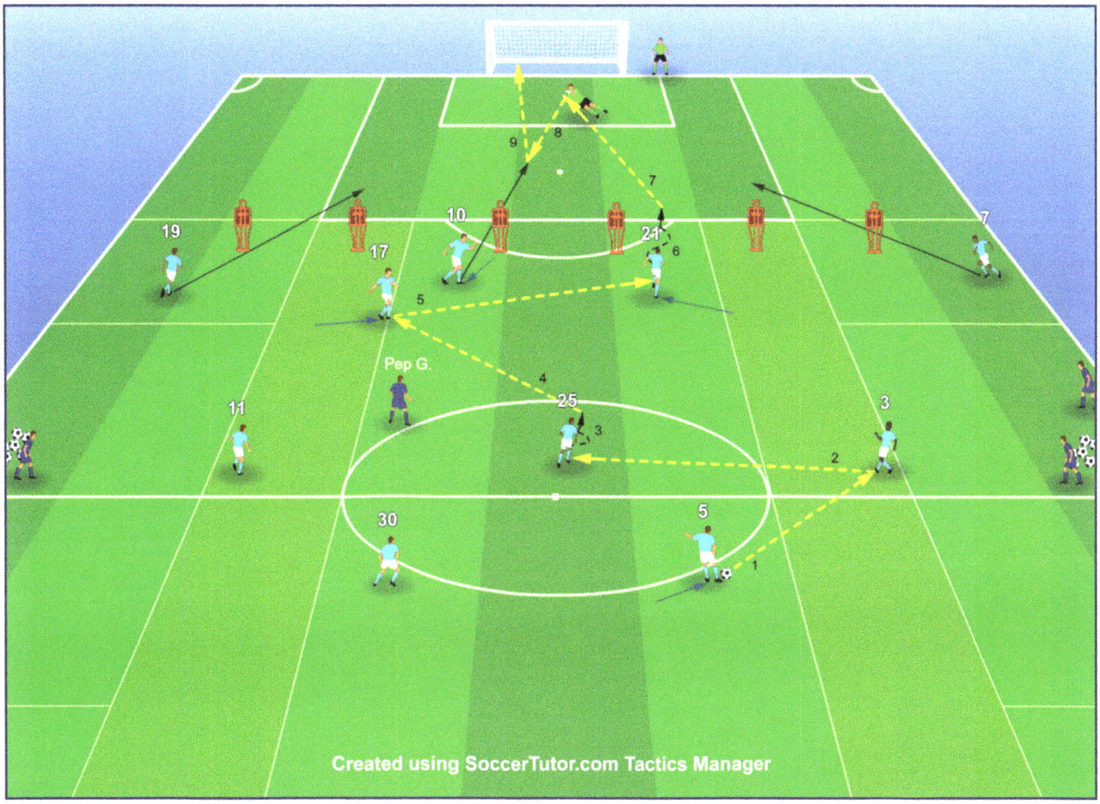

Descrizione

1. Il difensore centrale destro (5) trasmette palla verso il laterale basso destro invertito (3).

2. Il Num.3 gioca internamente, verso il centrocampista difensivo (25).

3. Il giocatore ora in possesso (25) riceve e avanza in conduzione.

4. Il Num.25 trasmette, in diagonale, verso il centrocampista offensivo (17), nell'"Half Space."

5. Il Num.17 si muove verso l'interno e gioca palla sul movimento dell'altro centrocampista offensivo (21).

6. Anche il Num.21 si muove verso l'interno, per ricevere, e conduce palla in area di rigore.

7. Il secondo centrocampista offensivo (21) tenta la conclusione in porta.

8. L'attaccante (10) e i 2 esterni alti (19 e 7) si sono portati in area di rigore e sono pronti per calciare in porta sulla respinta del portiere.

Fonte: sessione di allenamento di Pep Guardiola al Man City - Etihad Campus Training Ground, Manchester - 12 Luglio 2017

Flussi di gioco posizionale offensivo di Pep Guardiola: 1-4-3-3 e laterali bassi invertiti

2. Un centrocampista offensivo si muove verso il centro per ricevere lo scarico dall'attaccante e gioca alle spalle della linea difensiva, verso l'esterno alto

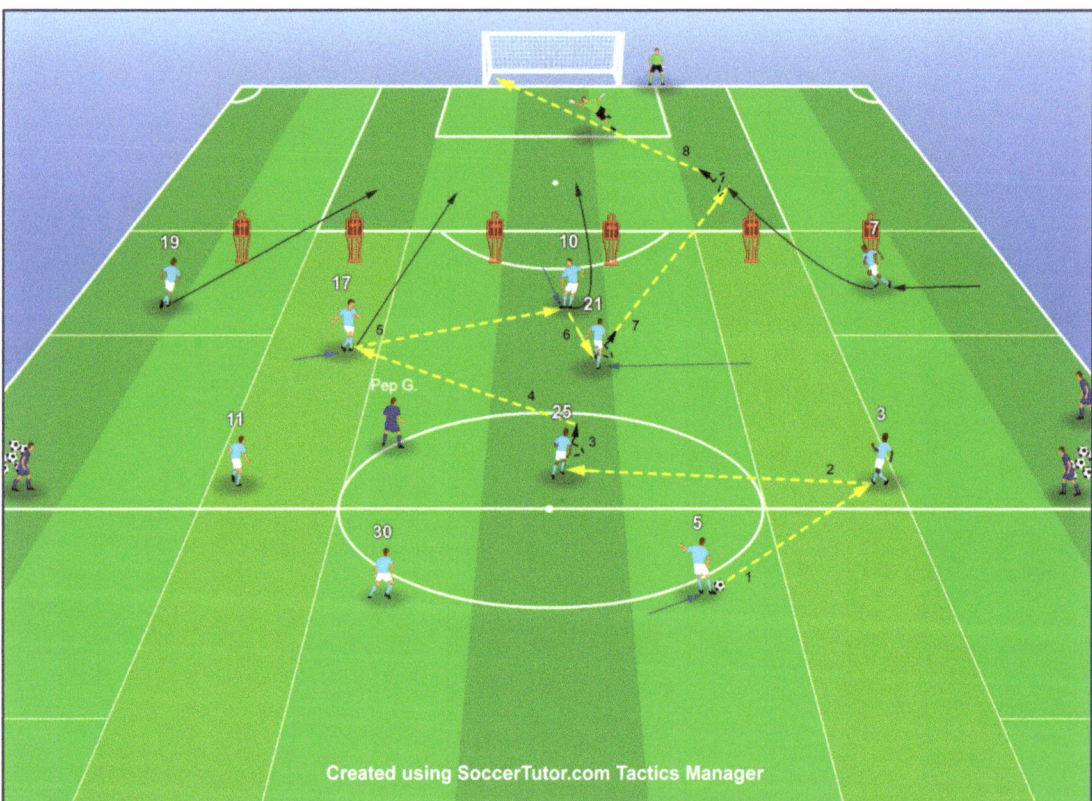

Descrizione

1. Il difensore centrale destro (5) trasmette palla verso il laterale basso destro invertito (3).

2. Il Num.3 gioca internamente, verso il centrocampista difensivo (25).

3. Il giocatore ora in possesso (25) riceve e avanza in conduzione.

4. Il Num.25 trasmette in diagonale verso il centrocampista offensivo (17), nell'"Half Space."

5. Il Num.17 gioca palla al centro verso l'attaccante (10).

6. Il Num.10 scarica verso il secondo centrocampista offensivo (21), che si muove internamente per ricevere.

7. Il Num.21 riceve in apertura e gioca palla, in diagonale, verso l'esterno alto (7), alle spalle della linea difensiva.

8. Il Num.7 riceve e conclude.

Fonte: sessione di allenamento di Pep Guardiola al Man City - Etihad Campus Training Ground, Manchester - 12 Luglio 2017

Flussi di gioco posizionale offensivo di Pep Guardiola: 1-4-3-3 e laterali bassi invertiti

3. Un centrocampista offensivo riceve nell'"Half Space", conduce verso l'interno e gioca alle spalle della linea difensiva, verso l'esterno alto

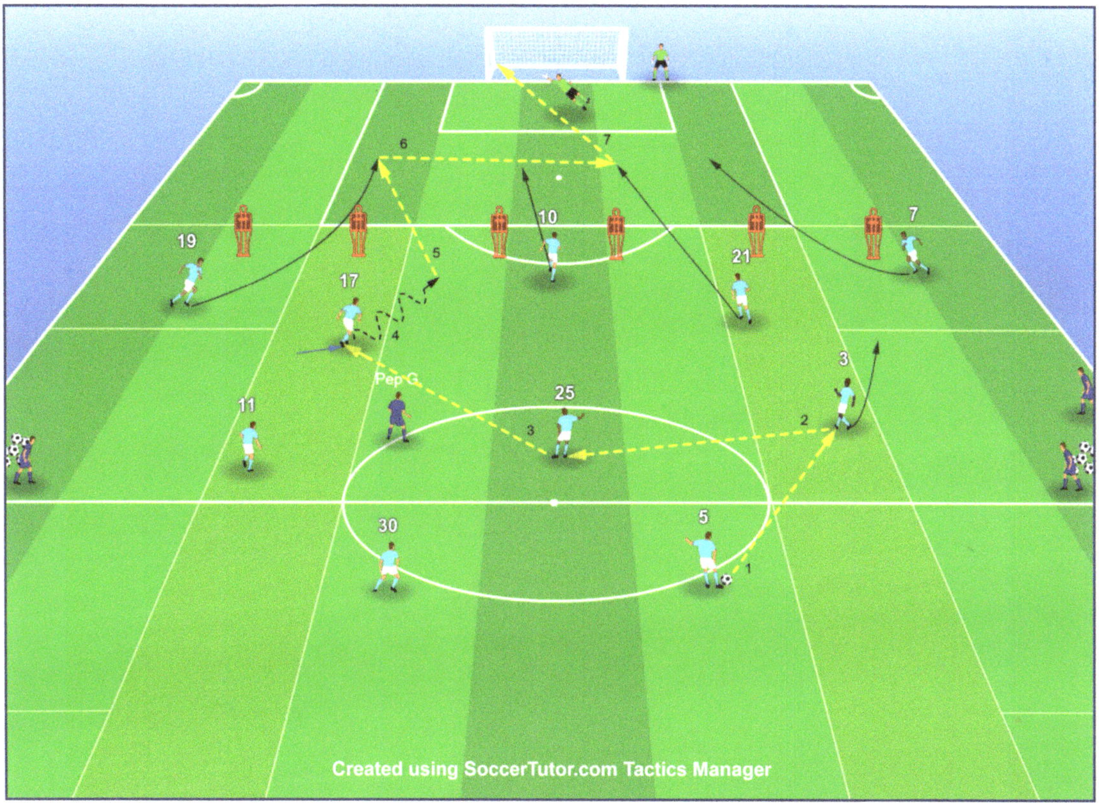

Descrizione

1. Il difensore centrale destro (5) trasmette palla verso il laterale basso destro invertito (3).

2. Il Num.3 gioca internamente, verso il centrocampista difensivo (25).

3. Il giocatore ora in possesso (25) trasmette, in diagonale, verso il centrocampista offensivo (17), nell'"Half Space."

4. Il Num.17 conduce palla internamente e in avanti.

5. Il centrocampista offensivo (17) gioca alle spalle della linea difensiva avversaria, sulla corsa dell'esterno alto sinistro (19).

6. Il Num.19 effettua un cross basso, per i compagni di squadra, che si inseriscono. Il centrocampista offensivo (21), l'attaccante (10) e l'esterno alto opposto (7) si portano in area di rigore.

7. In questo esempio, il centrocampista offensivo (21) riceve e conclude da posizione centrale.

Fonte: sessione di allenamento di Pep Guardiola al Man City - Etihad Campus Training Ground, Manchester - 12 Luglio 2017

Flussi di gioco posizionale offensivo di Pep Guardiola: 1-4-3-3 e laterali bassi invertiti

4. Un centrocampista offensivo si muove verso il centro per ricevere lo scarico dall'attaccante, conduce attraverso la linea difensiva e conclude

Descrizione

1. Il difensore centrale destro (5) trasmette palla verso il laterale basso destro invertito (3).

2. Il Num.3 gioca internamente, verso il centrocampista difensivo (25).

3. Il Num.25 trasmette verso l'attaccante (10), che si muove incontro, sul corto.

4. Il centrocampista offensivo (21) si muove verso il centro, per ricevere lo scarico dall'attaccante (10).

5. Il Num.21 conduce palla in area di rigore e alle spalle della linea difensiva avversaria.

6. Il centrocampista offensivo (21) conclude.

Fonte: sessione di allenamento di Pep Guardiola al Man City - Etihad Campus Training Ground, Manchester - 12 Luglio 2017

Flussi di gioco posizionale offensivo di Pep Guardiola: 1-4-3-3 e laterali bassi invertiti

5. Un centrocampista offensivo nell'"Half Space" gioca alle spalle della linea difensiva, verso l'esterno alto, dopo lo scarico dell'attaccante

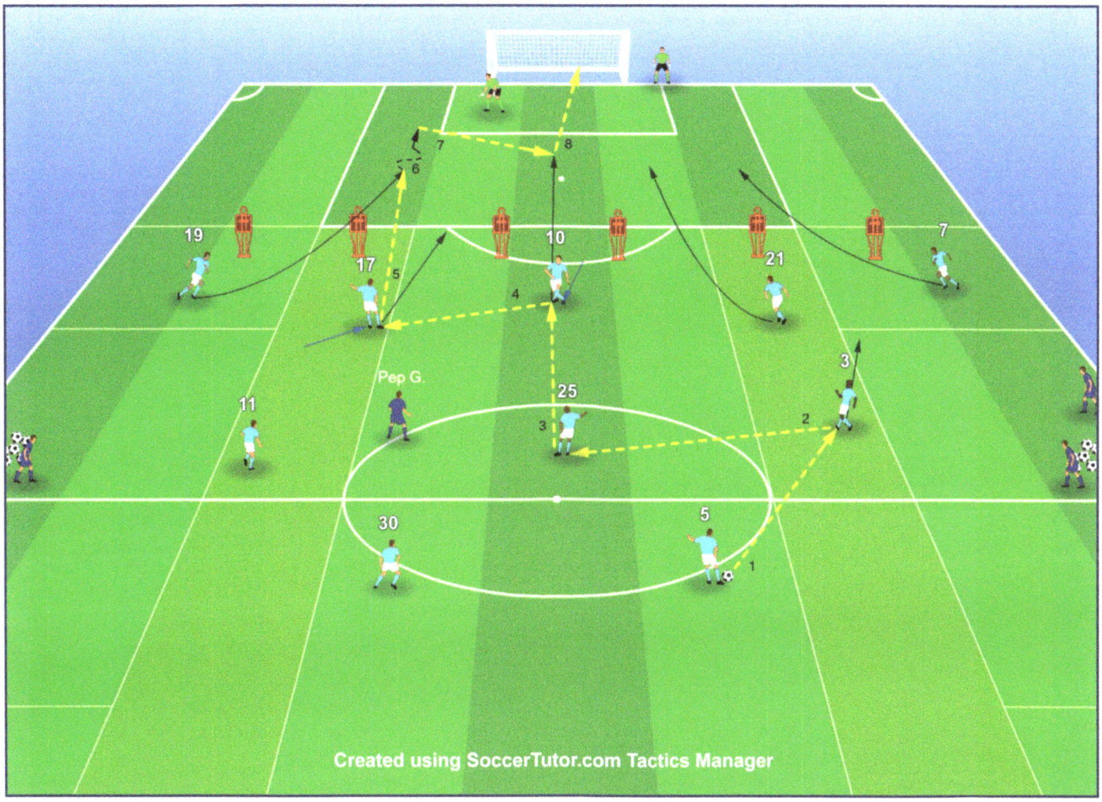

Descrizione

1. Il difensore centrale destro (5) trasmette palla verso il laterale basso destro invertito (3).

2. Il Num.3 gioca internamente, verso il centrocampista difensivo (25).

3. Il Num.25 trasmette all'attaccante (10), che si muove incontro.

4. Il Num.10 gioca palla al centrocampista offensivo (17) nell'"Half Space."

5. Il Num.17 trasmette sulla corsa dell'esterno alto sinistro (19), alle spalle della linea difensiva avversaria.

6. Il giocatore ora in possesso (19) conduce palla in avanti.

7. Il Num.19 gioca un passaggio tagliato arretrato, verso i compagni che si inseriscono. Il centrocampista offensivo (21), l'attaccante (10) e l'esterno alto opposto (7) si portano in area di rigore.

8. In questo esempio, l'attaccante (10) riceve e conclude da posizione centrale.

Fonte: sessione di allenamento di Pep Guardiola al Man City - Etihad Campus Training Ground, Manchester - 12 Luglio 2017

Flussi di gioco posizionale offensivo di Pep Guardiola: 1-4-3-3 e laterali bassi invertiti

6. Il centrocampista difensivo trasmette verso l'attaccante, che scarica per un centrocampista offensivo, il quale gioca alle spalle dell'ultima linea avversaria

Descrizione

1. Il difensore centrale destro (5) trasmette palla verso il laterale basso destro invertito (3).

2. Il Num.3 gioca internamente, verso il centrocampista difensivo (25).

3. Il Num.25 trasmette verso l'attaccante (10), che si muove incontro.

4. Il centrocampista offensivo (21) si muove all'interno per ricevere lo scarico dall'attaccante (10).

5. Il Num.21 gioca in profondità, tra le 2 sagome centrali, sulla corsa, in diagonale, del secondo centrocampista offensivo (17).

6. Il Num.17 orienta il controllo per ricevere e conclude.

Fonte: sessione di allenamento di Pep Guardiola al Man City - Etihad Campus Training Ground, Manchester - 12 Luglio 2017

Flussi di gioco posizionale offensivo di Pep Guardiola: 1-4-3-3 e laterali bassi invertiti

7. Il laterale basso trasmette verso l'attaccante, che scarica verso un centrocampista offensivo, il quale gioca alle spalle della linea difensiva

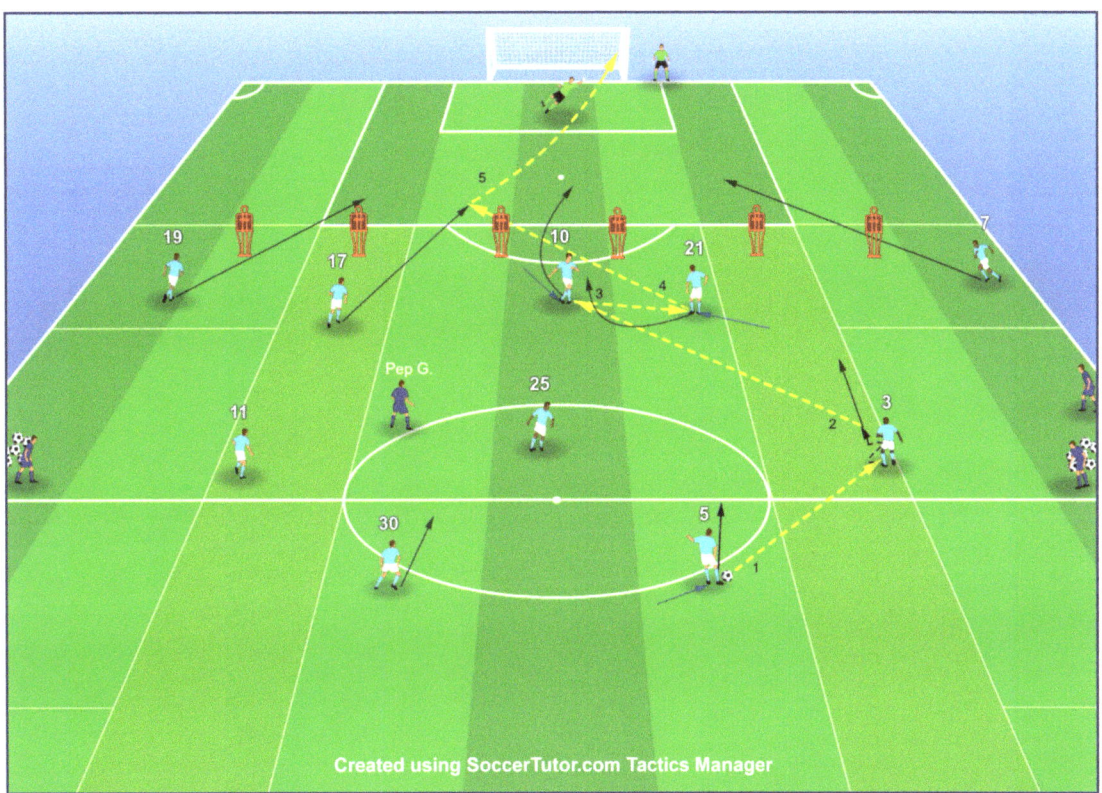

Descrizione

1. Il difensore centrale destro (5) trasmette palla verso il laterale basso destro invertito (3).

2. Il Num.3 orienta il controllo in avanti e gioca, in diagonale, verso l'attaccante (10), che si muove incontro.

3. Il Num.10 trasmette verso il centrocampista offensivo (21), che si muove centralmente per ricevere.

4. Il Num.21 gioca in profondità, tra le 2 sagome centrali, sulla corsa, in diagonale, del secondo centrocampista offensivo (17).

5. Il Num.17 riceve in area di rigore e conclude.

Fonte: sessione di allenamento di Pep Guardiola al Man City - Etihad Campus Training Ground, Manchester - 12 Luglio 2017

Flussi di gioco posizionale offensivo di Pep Guardiola: 1-4-3-3 e laterali bassi invertiti

8. Il centrocampista difensivo gioca palla alta in diagonale, alle spalle dell'ultima linea avversaria, verso l'esterno alto, che effettua un cross basso tagliato

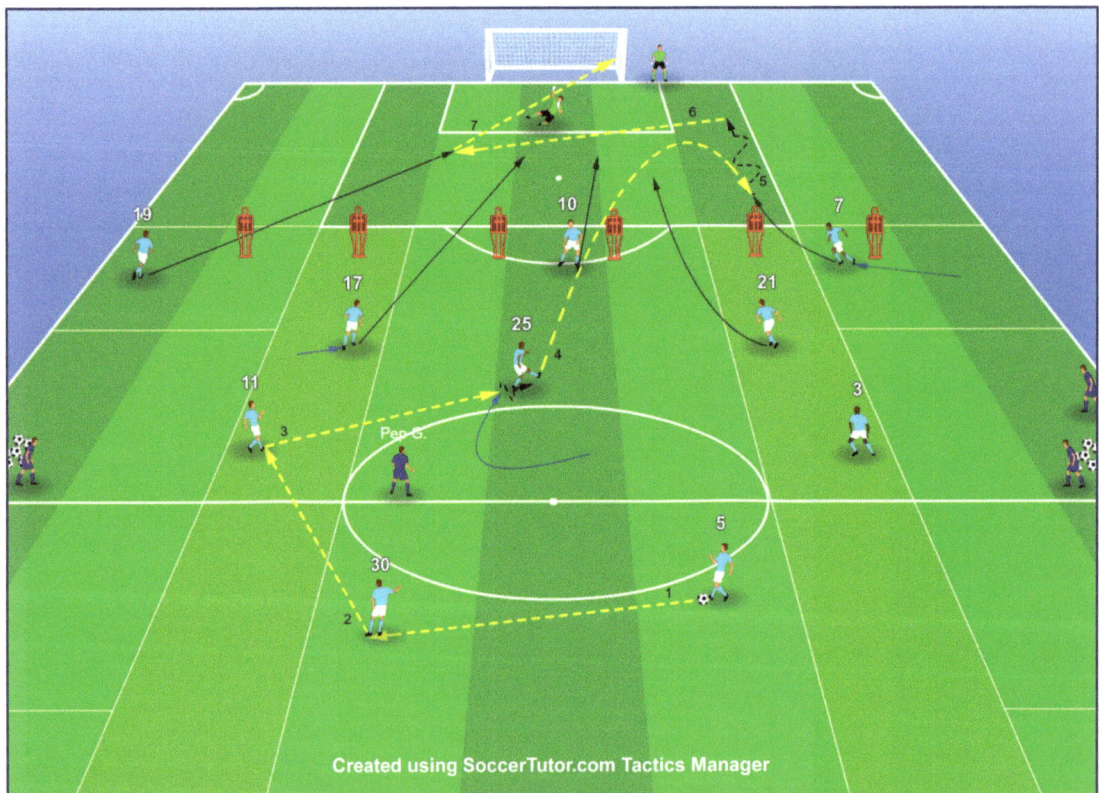

Descrizione

1. Il difensore centrale destro (5) trasmette palla verso il difensore centrale sinistro (30).

2. Il Num.30 gioca verso il laterale basso sinistro invertito (11).

3. Il Num.11 trasmette centralmente verso il centrocampista difensivo (25), che si è portato in avanti, arcuando la corsa.

4. Il giocatore ora in possesso (25) riceve, aprendo il controllo, e gioca palla alta, in diagonale, verso l'esterno alto destro (7), alle spalle della linea difensiva avversaria.

5. Il Num.7 riceve e conduce in avanti.

6. L'esterno alto (7) effettua un cross basso tagliato arretrato, verso i compagni che si inseriscono. Il centrocampista offensivo (17), l'attaccante (10) e l'esterno alto (19) si portano in area di rigore.

7. In questo esempio, l'esterno alto opposto (19) riceve e conclude sul secondo palo.

Fonte: sessione di allenamento di Pep Guardiola al Man City - Etihad Campus Training Ground, Manchester - 12 Luglio 2017

Flussi di gioco posizionale offensivo di Pep Guardiola: 1-4-3-3 e laterali bassi invertiti

Flussi di gioco posizionale offensivo, variante: si aggiungono 1 difensore e 2 sagome come centrocampisti

- Questa proposta è una variante dei precedenti flussi di gioco posizionale offensivo di Pep Guardiola. La fase conclusiva viene ora complicata da 1 difensore e 2 sagome a centrocampo.

- I giocatori sviluppano le stesse sequenze, affrontando però 1 difensore, in fase conclusiva, all'interno dell'area di rigore.

- Si crea quindi un duello 1 c 1, dopo aver ricevuto palla alle spalle della linea difensiva; in alternativa, il difensore contrasta i cross bassi arretrati al centro.

- In questa variante, vengono aggiunte anche 2 sagome a centrocampo, per creare una situazione più realistica, fungendo da ostacoli che chiudono le linee di passaggio in avanti.

Fonte: sessione di allenamento di Pep Guardiola al Man City - Etihad Campus Training Ground, Manchester - 8 Maggio 2018

Flussi di gioco posizionale offensivo:
1-4-3-3 e laterali bassi classici

Da una sessione di allenamento di Pep Guardiola al Manchester City

Flussi di gioco posizionale offensivo di Pep Guardiola: 1-4-3-3 e laterali bassi classici

"È un genio che legge il gioco e prevede qualsiasi situazione immaginabile. Ci mostra sempre come creare spazio e trovare soluzioni; non esiste un altro manager come lui, il che lo rende, probabilmente, il migliore al mondo."

(Ilkay Gündoğan)

Flussi di gioco posizionale offensivo di Pep Guardiola: 1-4-3-3 e laterali bassi classici

L'ORGANIZZAZIONE DELL'ALLENAMENTO DI PEP GUARDIOLA (LATERALI BASSI CLASSICI)

2 giocatori, in ogni posizione, si alternano nello svolgimento della proposta

- Questa figura mostra l'impostazione dello spazio in campo che Pep Guardiola utilizza per lavorare sui flussi di gioco posizionale (1-4-3-3), con i laterali bassi classici.
- Le 5 sagome sono posizionate più vicine, rispetto alle precedenti proposte del libro.
- Le 2 squadre lavorano sugli schemi definiti da Pep Guardiola, alternativamente. Non appena una squadra conclude il proprio turno, i giocatori tornano verso le posizioni di partenza, in corsa, e l'altra inizia una nuova sequenza.
- I giocatori sono diversi, in queste proposte.

- **30. Otamendi:** difensore centrale sinistro
- **5. Stones:** difensore centrale destro
- **11. Kolarov:** laterale basso sinistro
- **2. Walker:** laterale basso destro
- **25. Fernandinho:** centrocampista difensivo
- **8. Gündoğan:** centrocampista off. sinistro
- **17. De Bruyne:** centrocampista off. destro
- **35. Zinchenko:** esterno alto sinistro
- **7. Sterling:** esterno alto destro
- **10. Agüero:** attaccante

Fonte: sessione di allenamento in pre-season di Pep Guardiola al Man City, NRG Stadium, Houston, Texas, USA - 20 Luglio 2017

Flussi di gioco posizionale offensivo di Pep Guardiola: 1-4-3-3 e laterali bassi classici

1. L'attaccante scarica palla verso un centrocampista offensivo, dopo ricezione dal centrocampista difensivo, per giocare alle spalle dell'ultima linea avversaria, verso l'esterno alto

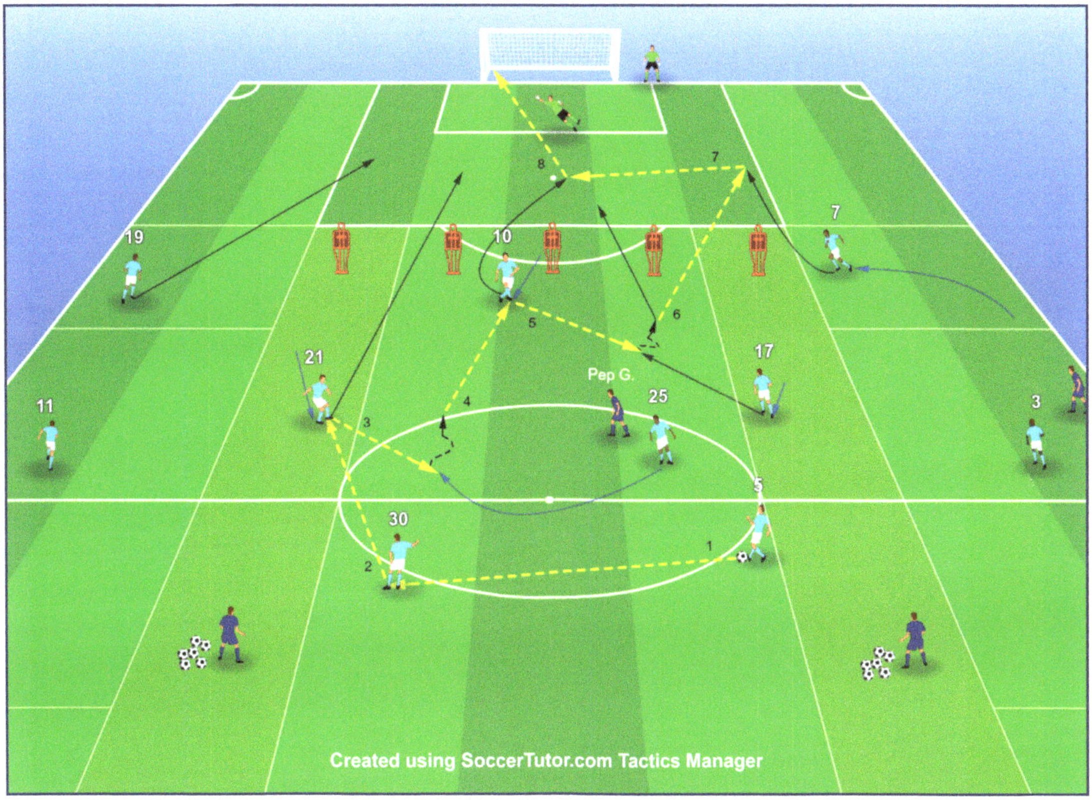

Descrizione

1. Il difensore centrale destro (5) trasmette palla al difensore centrale sinistro (30).
2. Il Num.30 gioca palla verso il centrocampista offensivo (21), nell'"Half Space."
3. Il centrocampista difensivo (25) arcua la propria corsa per ricevere lo scarico.
4. Il giocatore ora in possesso (25) conduce palla in avanti e trasmette all'attaccante (10).
5. Il Num.10 scarica nuovamente verso il secondo centrocampista offensivo (17), che si muove in avanti ed internamente, per ricevere al centro.
6. Il Num.17 riceve, aprendo il controllo e trasmette, in diagonale, alle spalle della linea difensiva, verso l'esterno alto (7).
7. Il Num.7 riceve e crossa basso per i compagni di squadra, che si inseriscono.
8. Il centrocampista offensivo (21), entrambi gli esterni alti (19 e 7) e l'attaccante (10) si muovono verso l'area di rigore per concludere. Il Num.10 segna una rete, in questo esempio.

Fonte: sessione di allenamento in pre-season di Pep Guardiola al Man City, NRG Stadium, Houston, Texas, USA - 20 Luglio 2017

Flussi di gioco posizionale offensivo di Pep Guardiola: 1-4-3-3 e laterali bassi classici

2. Finta ad esca dell'attaccante sulla trasmissione del centrocampista difensivo, in favore di un centrocampista offensivo, che si muove verso il centro e conclude

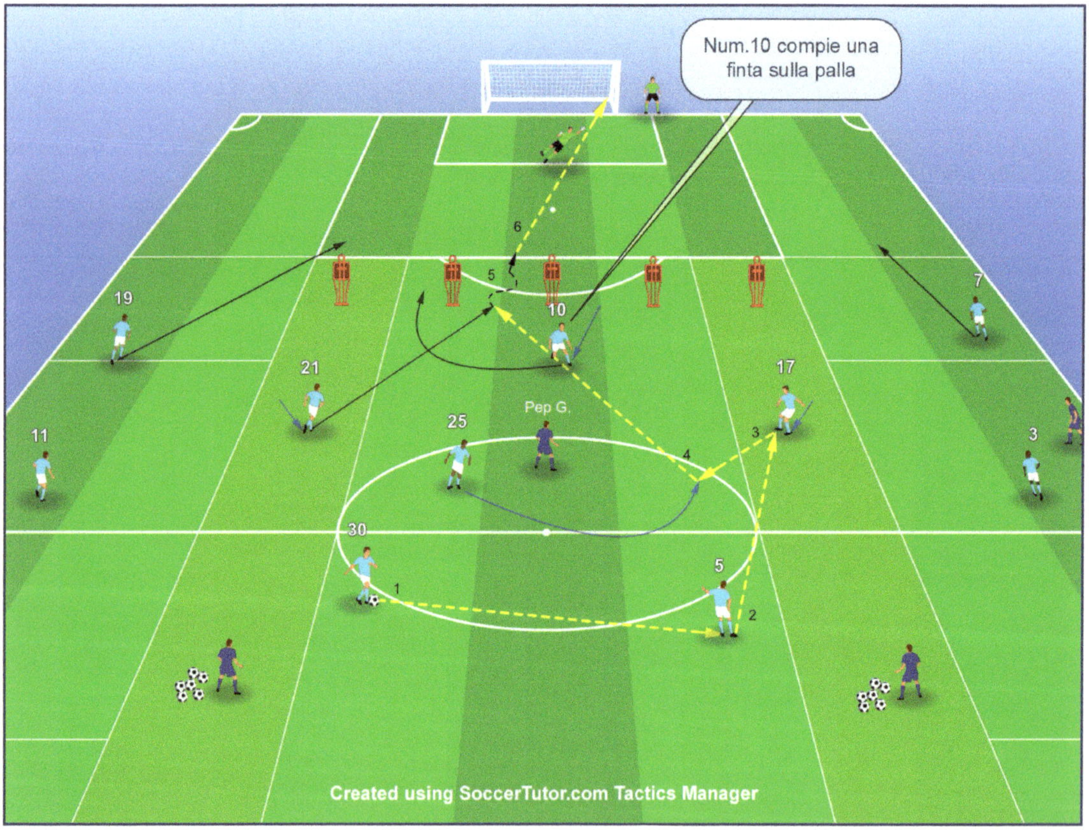

Descrizione

1. Il difensore centrale sinistro (30) trasmette al difensore centrale destro (5).

2. Il Num.5 gioca palla verso il centrocampista offensivo (17), nell'"Half Space."

3. Il centrocampista difensivo (25) arcua la propria corsa per ricevere lo scarico.

4. Il giocatore ora in possesso (25) trasmette all'attaccante (10), che effettua una finta ad esca.

5. Il secondo centrocampista offensivo (21), sul lato sinistro, si muove come terzo uomo, per ricevere palla dopo la finta e condurre in avanti.

6. Il Num.21 conclude in porta.

Fonte: sessione di allenamento in pre-season di Pep Guardiola al Man City, NRG Stadium, Houston, Texas, USA - 20 Luglio 2017

Flussi di gioco posizionale offensivo di Pep Guardiola: 1-4-3-3 e laterali bassi classici

3. L'attaccante gioca alle spalle dell'ultima linea avversaria, verso un centrocampista offensivo (3° uomo), dopo ricezione palla dal centrocampista difensivo

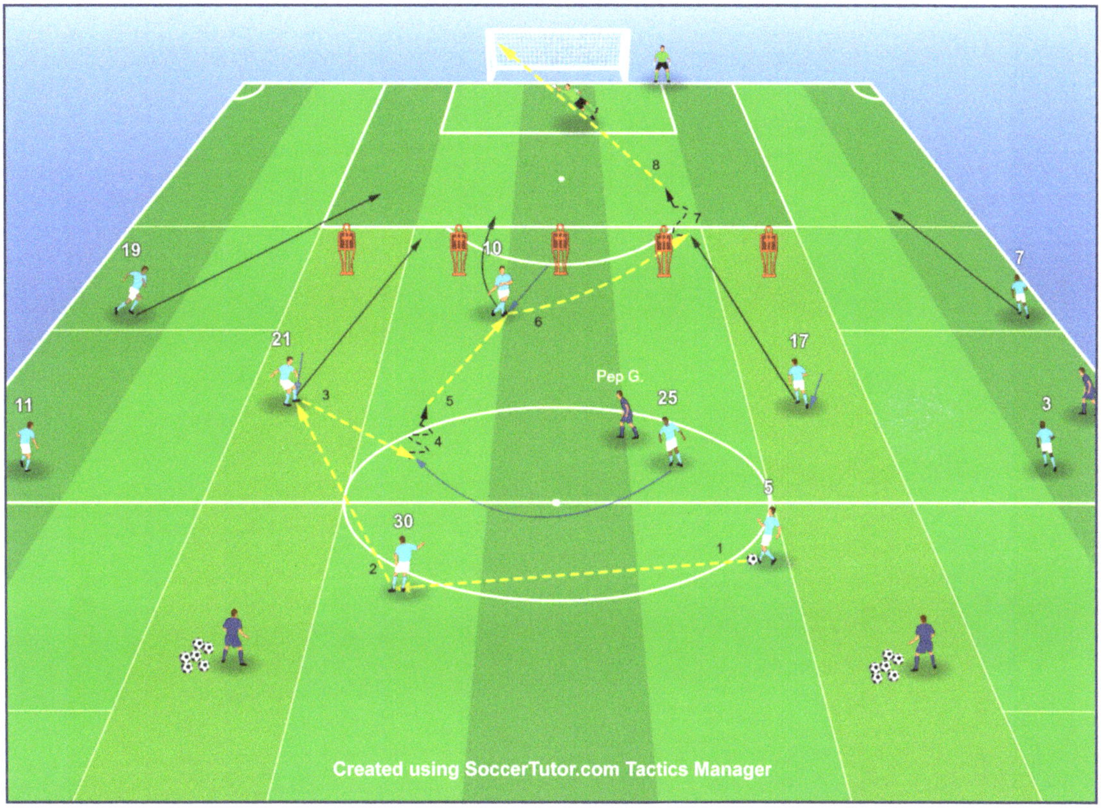

Descrizione

1. Il difensore centrale destro (5) trasmette palla al difensore centrale sinistro (30).

2. Il Num.30 gioca verso il centrocampista offensivo (21), nell'"Half Space."

3. Il centrocampista difensivo (25) arcua la propria corsa per ricevere lo scarico.

4. Il giocatore ora in possesso (25) conduce palla in avanti.

5. Il Num.25 trasmette all'attaccante (10).

6. Il Num.10 viene incontro e gioca di prima intenzione sul movimento, come 3° uomo, del secondo centrocampista offensivo (17).

7. Il Num.17 conduce palla in area di rigore e conclude.

Fonte: sessione di allenamento in pre-season di Pep Guardiola al Man City, NRG Stadium, Houston, Texas, USA - 20 Luglio 2017

Flussi di gioco posizionale offensivo di Pep Guardiola: 1-4-3-3 e laterali bassi classici

4. Il centrocampista difensivo combina negli spazi centrali e trasmette palla alta, in diagonale, alle spalle dell'ultima linea avversaria, verso l'esterno alto

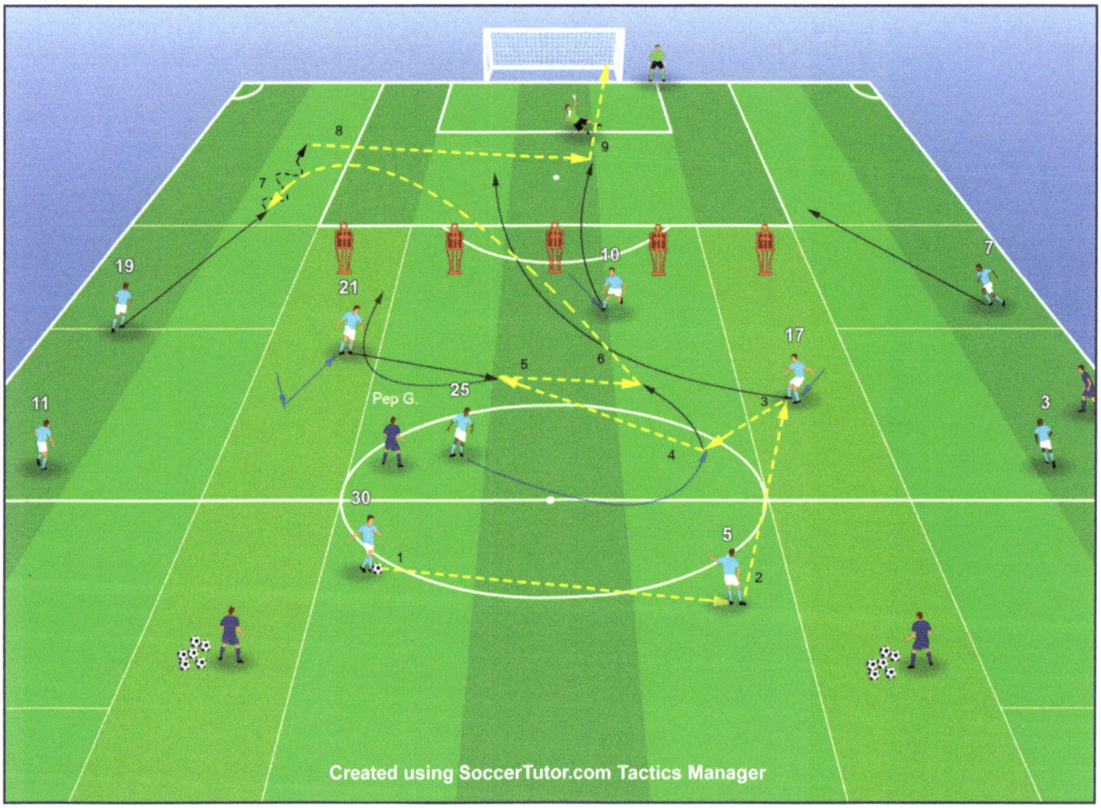

Descrizione

1. Il difensore sinistro (30) trasmette palla al difensore centrale destro (5).

2. Il Num.5 gioca verso il centrocampista offensivo (17) nell'"Half Space."

3. Il centrocampista difensivo (25) arcua la propria corsa per ricevere lo scarico.

4. Il Num.25 trasmette verso il centrocampista offensivo (21), sulla sinistra, mentre quest'ultimo si muove verso il centro per ricevere.

5. Successivamente, il centrocampista difensivo (25) si porta in avanti per ricevere, nuovamente, uno scarico.

6. Il giocatore ora in possesso (25) trasmette palla alta, in diagonale, alle spalle della linea difensiva, verso l'esterno alto sinistro (19).

7. Il Num.19 conduce palla in avanti e crossa basso per i compagni di squadra, che si inseriscono.

8. L'attaccante (10) conclude da posizione centrale.

Fonte: sessione di allenamento in pre-season di Pep Guardiola al Man City, NRG Stadium, Houston, Texas, USA - 20 Luglio 2017

Flussi di gioco posizionale offensivo (1-4-3-3)

Dalle sessioni di allenamento di Pep Guardiola al Barcellona FC

Esercitazioni di Pep Guardiola: flussi di gioco posizionale offensivo (1-4-3-3)

"Ho avuto un maestro unico. Sono cresciuto molto, come giocatore, con Pep; ho imparato tanto da lui. Alcuni manager sono dei tattici di grande livello, ma Pep ti descrive anche i movimenti da compiere in campo e cosa avviene subito dopo. E succede!"

(Lionel Messi)

Esercitazioni di Pep Guardiola: flussi di gioco posizionale offensivo (1-4-3-3)

IL BARCELLONA FC DI PEP GUARDIOLA (1-4-3-3)

- **4:** difensore centrale sinistro
- **5:** difensore centrale destro
- **3:** laterale basso sinistro
- **2:** laterale basso destro
- **6:** centrocampista difensivo
- **10:** centrocampista offensivo sinistro
- **8:** centrocampista offensivo destro
- **11:** esterno alto sinistro
- **7:** esterno alto destro
- **9:** attaccante

Fonte: sessioni di allenamento di Pep Guardiola al Barcellona B (2007-08)

Esercitazioni di Pep Guardiola: flussi di gioco posizionale offensivo (1-4-3-3)

POSIZIONAMENTO E RICEZIONE NEGLI "HALF SPACES" (1-4-3-3)

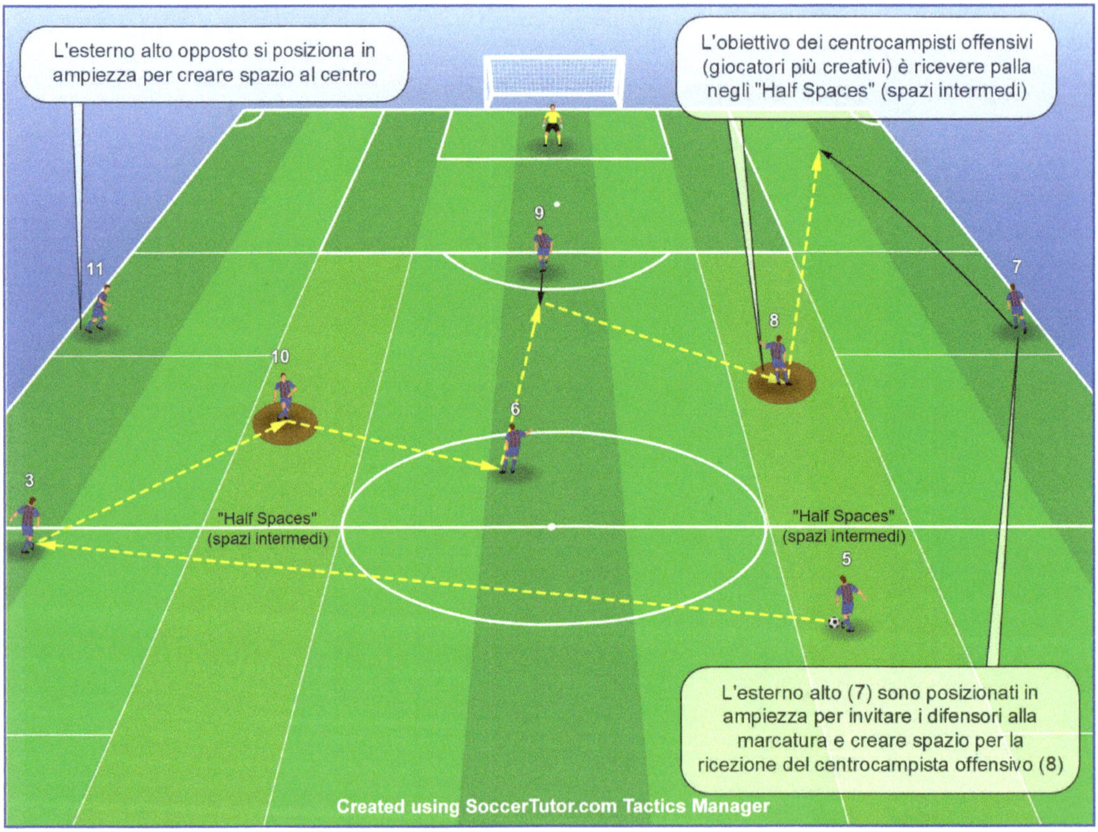

L'esterno alto opposto si posiziona in ampiezza per creare spazio al centro

L'obiettivo dei centrocampisti offensivi (giocatori più creativi) è ricevere palla negli "Half Spaces" (spazi intermedi)

"Half Spaces" (spazi intermedi)

"Half Spaces" (spazi intermedi)

L'esterno alto (7) sono posizionati in ampiezza per invitare i difensori alla marcatura e creare spazio per la ricezione del centrocampista offensivo (8)

- Quando i centrocampisti offensivi ricevono palla, smarcati, all'interno degli "Half Spaces" e possono girarsi, tentano di giocare un passaggio decisivo, alle spalle della linea difensiva avversaria.

- Pep Guardiola chiede ai propri esterni alti (**7 e 11**) di posizionarsi in ampiezza, per occupare i difensori, creando spazio per i centrocampisti offensivi, che possono ricevere all'interno dell'"Half Space" e girarsi, senza marcatura.

- In questo esempio, il Barcellona FC è schierato con l'1-4-3-3 e il centrocampista difensivo (**6**) trasmette palla verso l'attaccante (**9**), che si muove incontro e che gioca al centrocampista offensivo (**8**), all'interno dell'"Half Space."

- Il centrocampista offensivo (**8**) ha varie opzioni per trasmettere in profondità.

- Nell'esempio in figura, il centrocampista offensivo (**8**) gioca sul movimento in avanti dell'esterno alto destro (**7**).

- A questo punto, l'esterno alto destro (**7**) può crossare basso o trasmettere un passaggio tagliato per i compagni di squadra che, con i giusti tempi, si inseriscono in area di rigore.

Fonte: sessioni di allenamento di Pep Guardiola al Barcellona B (2007-08)

Esercitazioni di Pep Guardiola: flussi di gioco posizionale offensivo (1-4-3-3)

1. Cambiare gioco verso l'esterno alto, che riceve in profondità, attraverso trasmissioni palla a corta e media distanza

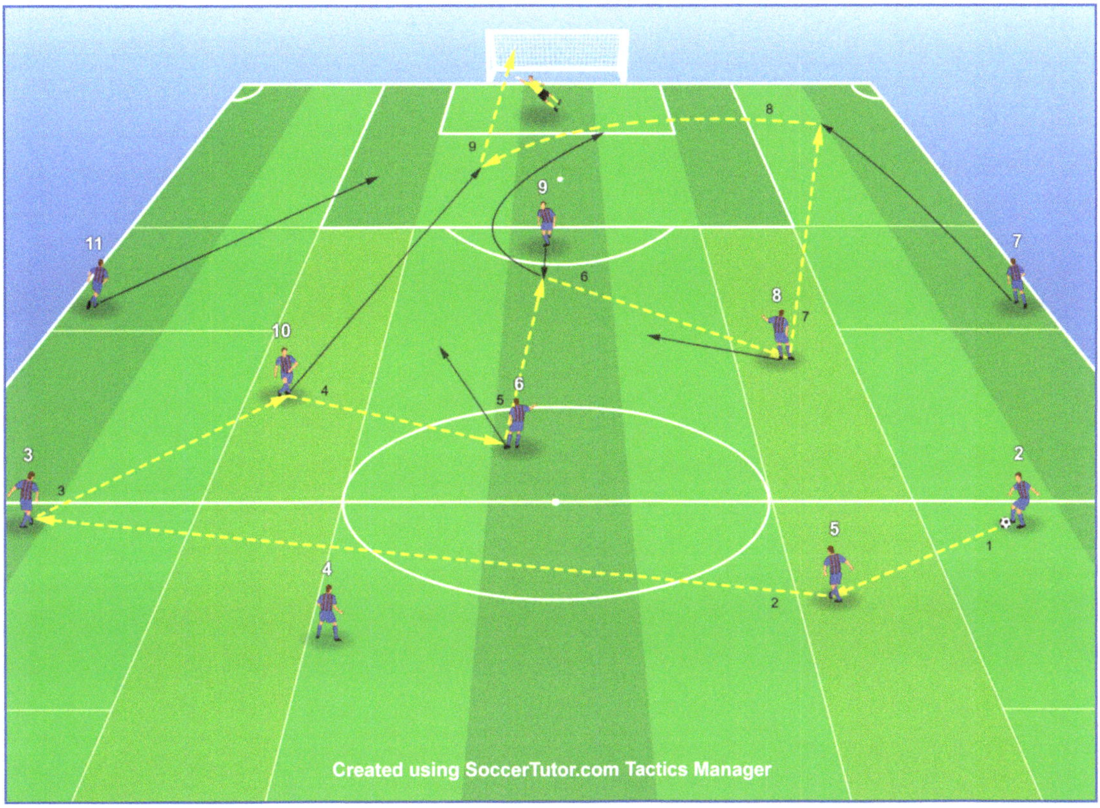

Descrizione

1. Il laterale basso destro (2) trasmette palla, internamente, al difensore centrale destro (5).

2. Il Num.5 gioca direttamente verso il laterale basso sinistro (3), oltre il secondo difensore centrale (4).

3. Il giocatore ora in possesso (3) trasmette verso il centrocampista offensivo (10), che riceve all'interno dell'"Half Space."

4. Il Num.10 trasmette palla, internamente, al centrocampista difensivo (6).

5. Il Num.6 gioca in avanti verso l'attaccante (9), che si muove incontro.

6. Il Num.9 scarica palla verso il secondo centrocampista offensivo (8), che riceve, anch'egli, all'interno dell'"Half Space."

7. Pep Guardiola chiede che i giocatori migliori e più creativi ricevano all'interno degli "Half Spaces." Il Num.8 può trasmettere in profondità, verso l'esterno alto destro (7).

8. Il Num.7 crossa per i compagni di squadra che concludono.

Fonte: sessioni di allenamento di Pep Guardiola al Barcellona B (2007-08)

Esercitazioni di Pep Guardiola: flussi di gioco posizionale offensivo (1-4-3-3)

2. Cambiare gioco verso l'esterno alto, che riceve e conduce in avanti, attraverso trasmissioni palla a lunga distanza

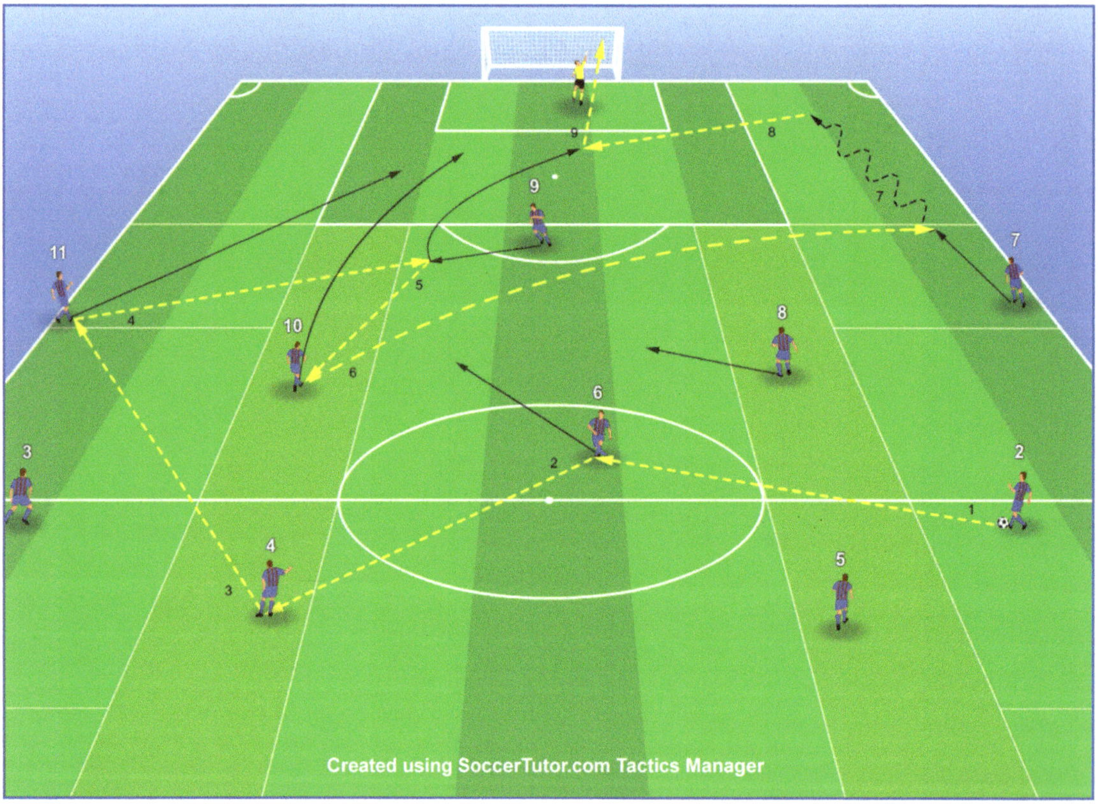

Descrizione

1. Il laterale basso destro (2) trasmette palla, internamente, verso il centrocampista difensivo (6).

2. Il Num.6 scarica verso il difensore centrale sinistro (4).

3. Il Num.4 lancia lungo, a media distanza, verso l'esterno alto (11).

4. Il giocatore ora in possesso (11) trasmette, internamente, verso l'attaccante (9), che si muove incontro per ricevere.

5. Il Num.9 scarica palla verso il centrocampista offensivo (10), che riceve nell'"Half Space."

6. L'obiettivo, dopo una combinazione di gioco su un lato, è ora spostare rapidamente palla verso quello debole e sfruttare lo spazio. Il centrocampista offensivo (10) gioca lungo, cambiando lato, verso l'esterno alto opposto (7).

7. Il Num.7 conduce palla in avanti.

8. Il giocatore ora in possesso (7) crossa per i compagni di squadra, che si inseriscono e concludono.

Fonte: sessioni di allenamento di Pep Guardiola al Barcellona B (2007-08)

Esercitazioni di Pep Guardiola: flussi di gioco posizionale offensivo (1-4-3-3)

3. Attaccare negli spazi centrali, con palla alta in profondità ed il movimento, come 3° uomo, del centrocampista offensivo

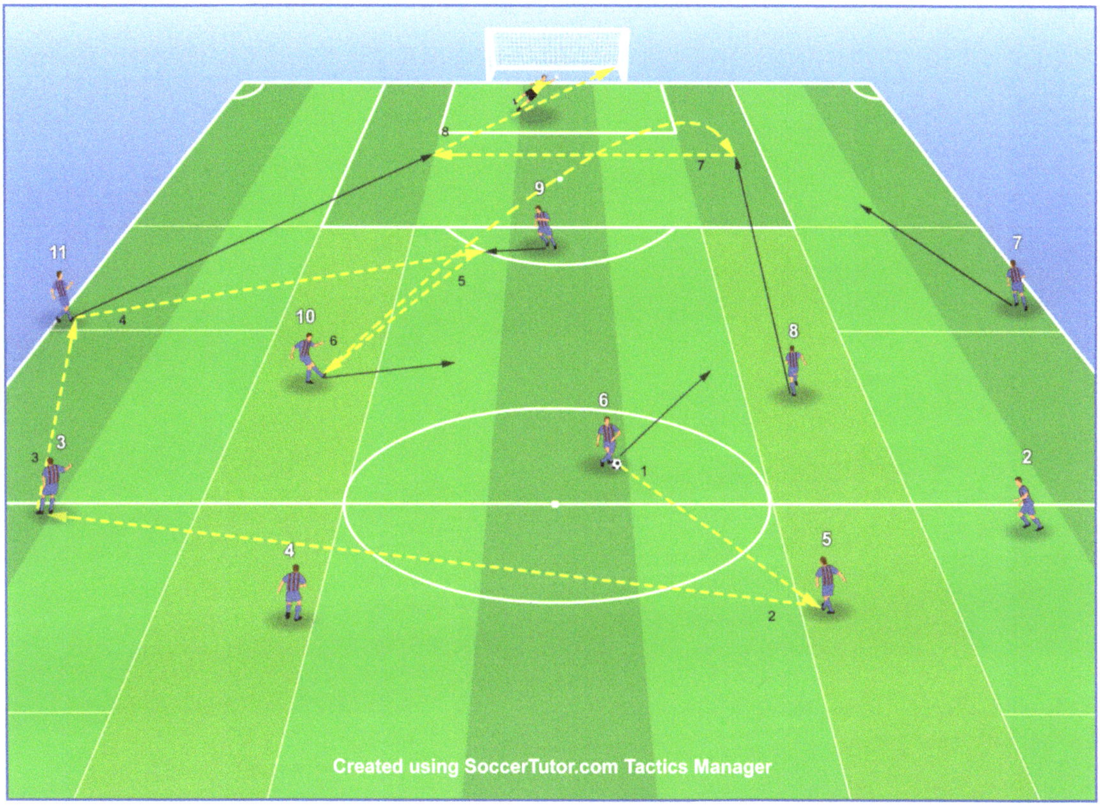

Descrizione

1. Il centrocampista difensivo (6) gioca indietro, verso il difensore centrale destro (5).

2. Il Num.5 trasmette palla direttamente verso il laterale basso sinistro (3), oltre il secondo difensore centrale (4).

3. Il Num.3 gioca in avanti, verso l'esterno alto (11), in ampiezza.

4. Il giocatore ora in possesso (11) trasmette al centro verso l'attaccante (9), che si muove incontro per ricevere.

5. Il Num.9 scarica palla verso il centrocampista offensivo (10), che riceve nell'"Half Space."

6. Il secondo centrocampista offensivo (8) si muove come 3° uomo e il Num.10 trasmette palla alta, in profondità e in diagonale, con i giusti tempi, sulla sua corsa.

7. Il centrocampista offensivo (8) effettua un cross (passaggio tagliato), che permette all'esterno alto di concludere (11).

Fonte: sessioni di allenamento di Pep Guardiola al Barcellona B (2007-08)

Esercitazioni di Pep Guardiola: flussi di gioco posizionale offensivo (1-4-3-3)

4. I tempi di movimento per combinare, ricevere in sovrapposizione, crossare e concludere

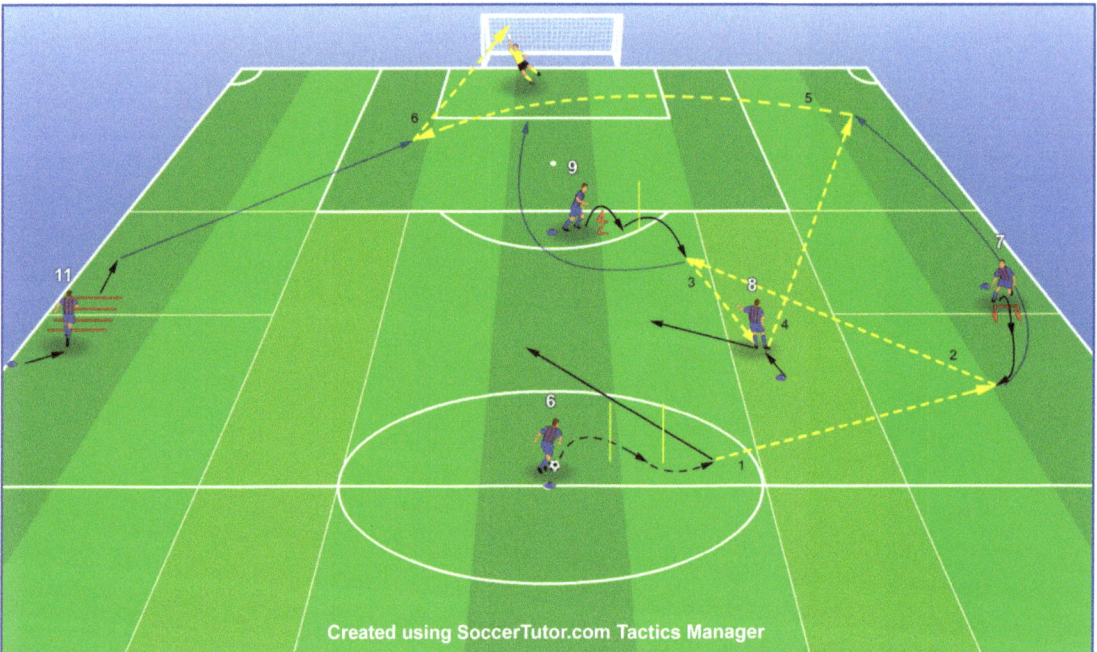

Obiettivi: giocate rapide, tempi di movimento, concentrazione e conclusione.

Descrizione

1. Il centrocampista difensivo (6) conduce palla tra i paletti, trasmette verso l'esterno alto (7), in ampiezza, e si muove in avanti, verso il centro.

2. Il Num.7 salta l'ostacolo, si muove incontro per ricevere palla e gioca in diagonale, verso l'attaccante (9); successivamente, si porta in avanti lungo la linea laterale del campo.

3. Il Num.9 salta l'ostacolo, aggira il paletto per ricevere e scarica palla sul centrocampista offensivo (8); successivamente arcua la propria corsa verso l'area di rigore.

4. Il Num.8 si muove in avanti per ricevere lo scarico dall'attaccante (9) e gioca in ampiezza, sulla corsa dell'esterno alto (7); successivamente si muove verso l'interno.

5. L'esterno alto di destra (7) riceve palla in posizione avanzata, dopo una corsa in sovrapposizione e crossa in area di rigore.

6. L'esterno alto sinistro (11), dopo il lavoro di skip sui paletti a terra, si porta sul secondo palo per cercare la conclusione.

Tutti i giocatori ruotano le posizioni. I tempi di recupero devono permettere lo svolgimento ad alta velocità di tutte le sequenze; le stesse possono essere eseguite lungo il lato opposto.

Fonte: sessioni di allenamento di Pep Guardiola al Barcellona B (2007-08)

Esercitazioni di Pep Guardiola: flussi di gioco posizionale offensivo (1-4-3-3)

5. I tempi di movimento per combinare, cambiare gioco, crossare e concludere

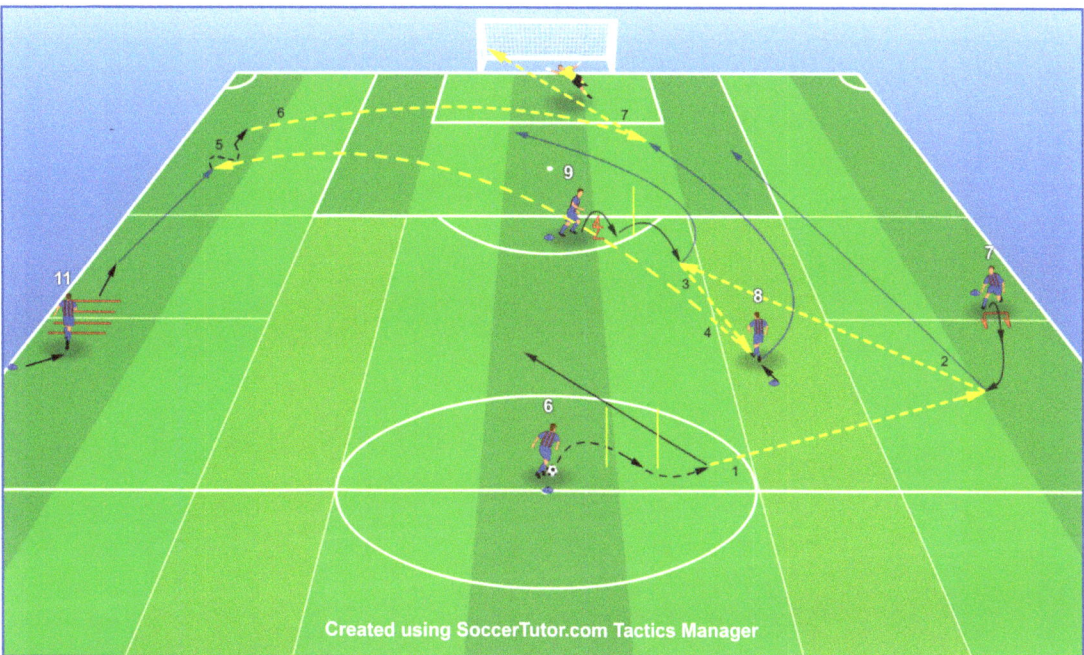

Obiettivo: giocate rapide, tempi di movimento, concentrazione e conclusione.

Descrizione

1. Il centrocampista difensivo (6) conduce palla tra i paletti, trasmette in ampiezza verso l'esterno alto (7) e si muove in avanti, centralmente.

2. Il Num.7 salta l'ostacolo, si muove incontro per ricevere il passaggio del centrocampista difensivo (6) e gioca in diagonale verso l'attaccante (9). Successivamente, si porta verso il secondo palo.

3. Il Num.9 salta l'ostacolo, gira intorno al paletto per ricevere palla dell'esterno alto (7) e scarica verso il centrocampista offensivo (8); successivamente, arcua la propria corsa verso il primo palo.

4. Il Num.8 si muove in avanti per ricevere lo scarico dall'attaccante (9) e cambia gioco, trasmettendo palla alta, in diagonale, verso l'esterno alto di sinistra (11); successivamente arcua la propria corsa, passando tra gli altri 2 giocatori.

5. Il Num.11, dopo un lavoro di skip sui paletti, si muove in avanti per ricevere il cambio di gioco e crossa in area di rigore.

Tutti i giocatori ruotano le posizioni. I tempi di recupero devono permettere lo svolgimento ad alta velocità di tutte le sequenze; le stesse possono essere eseguite lungo il lato opposto.

Fonte: sessioni di allenamento di Pep Guardiola al Barcellona B (2007-08)

Esercitazioni di Pep Guardiola: flussi di gioco posizionale offensivo (1-4-3-3)

6. Combinazione offensiva, a quattro giocatori, con palla in profondità, cross dalla fascia sinistra e conclusione

Questa proposta è maggiormente focalizzata sul laterale basso, in possesso palla, nella metà campo avversaria. 4 giocatori sono coinvolti nella sequenza: laterale basso (3), centrocampista offensivo (10), esterno alto (11) e attaccante (9).

Descrizione

1. L'esterno alto sinistro (11) è posizionato schiena alla porta e scarica palla verso l'esterno sinistro (3).
2. Il Num.3 trasmette in diagonale verso l'attaccante (9).
3. Il Num.9 scarica verso il centrocampista offensivo (10) e si porta verso l'area di rigore.
4. Il giocatore ora in possesso (10) trasmette palla lunga, in avanti, lungo la fascia sinistra, sulla corsa dell'esterno alto (11).
5. Il Num.11 crossa in area di rigore, dove si è portato, con i giusti tempi, l'attaccante (9), che cerca la conclusione.

Fonte: sessioni di allenamento di Pep Guardiola al Barcellona B (2007-08)

Esercitazioni di Pep Guardiola: flussi di gioco posizionale offensivo (1-4-3-3)

7. Combinazione offensiva, a quattro giocatori, con palla in profondità, cross dalla fascia destra e conclusione

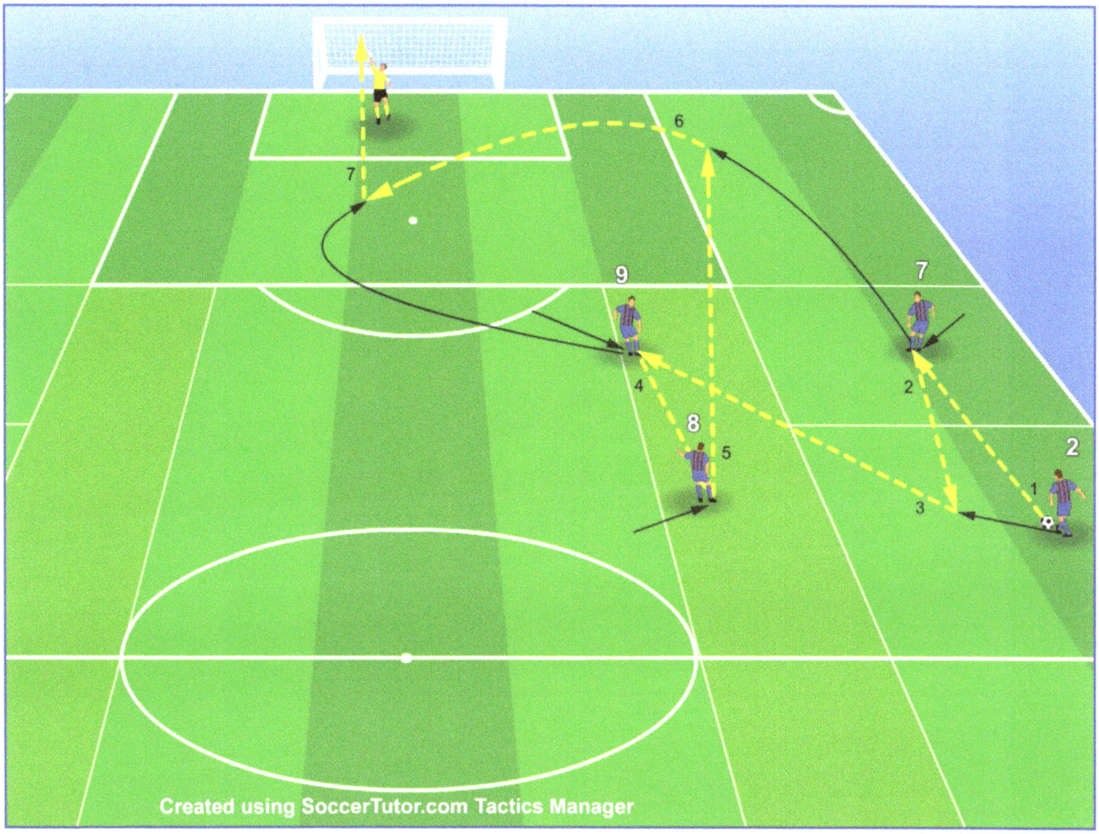

Questa proposta è maggiormente focalizzata sul laterale basso, in possesso palla, nella metà campo avversaria. 4 giocatori sono coinvolti nella sequenza: laterale basso (2), centrocampista offensivo (8), esterno alto (7) e attaccante (9).

Descrizione

1. Il laterale basso destro (2) trasmette in avanti verso l'esterno alto (7).

2. Il Num.7 gioca il passaggio di ritorno verso il laterale basso destro (2), completando una combinazione 1-2; successivamente, si gira per muoversi in avanti.

3. Il Num.2 trasmette palla verso l'attaccante (9).

4. Il Num.9 scarica verso il centrocampista offensivo (8) e si porta in area di rigore.

5. Il Num.8 gioca palla lunga, in avanti e in fascia destra, sulla corsa dell'esterno alto (7).

6. Il Num.7 crossa in area di rigore dove si è portato, con i giusti tempi, l'attaccante (9), che cerca la conclusione.

Fonte: sessioni di allenamento di Pep Guardiola al Barcellona B (2007-08)

FLUSSI DI GIOCO POSIZIONALE OFFENSIVO (1-3-5-2)

Esercitazioni di Pep Guardiola: flussi di gioco posizionale offensivo (1-3-5-2)

"L'idea, in fase offensiva, è il mantenimento della posizione, facendosi trovare sempre dove si deve essere. Richiedo dinamismo e mobilità, ma la posizione deve sempre essere coperta da un giocatore."

Esercitazioni di Pep Guardiola: *flussi di gioco posizionale offensivo (1-3-5-2)*

L'1-3-5-2 DI PEP GUARDIOLA AL MANCHESTER CITY

- **5. Stones:** difensore sinistro
- **4. Kompany:** difensore centrale
- **30. Otamendi:** difensore destro
- **19. Sanè:** esterno alto sinistro
- **2. Walker:** esterno alto destro
- **25. Fernandinho:** centrocampista difensivo
- **21. Silva:** centrocampista offensivo sinistro
- **17. De Bruyne:** centrocampista offensivo destro
- **7. Sterling:** secondo attaccante
- **10. Agüero:** attaccante centrale

Fonte: sessione di allenamento in pre-season di Pep Guardiola al Man City - Nissan Stadium, Nashville, Usa - 29 Luglio 2017

Esercitazioni di Pep Guardiola: flussi di gioco posizionale offensivo (1-3-5-2)

POSIZIONAMENTO E RICEZIONE NEGLI "HALF SPACES" (1-3-5-2)

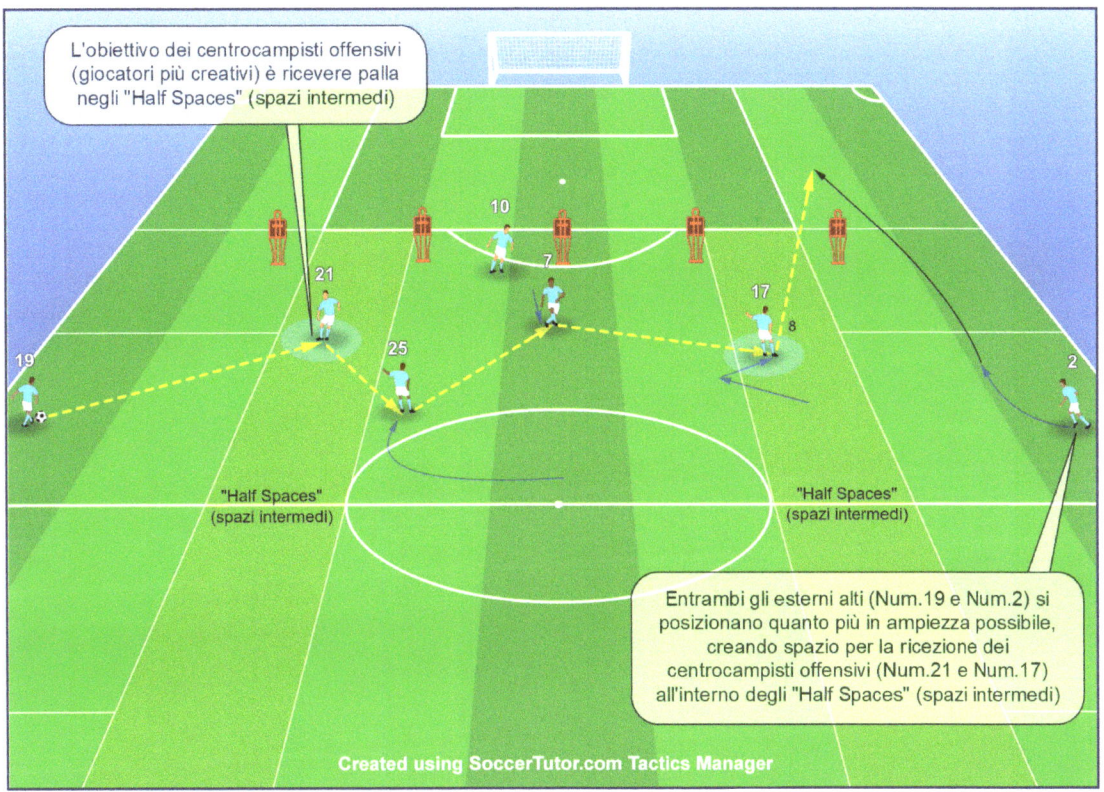

- Se i centrocampisti offensivi del Manchester City ricevono smarcati, all'interno degli "Half Spaces", e riescono a girarsi, allora provano a giocare alle spalle della linea difensiva avversaria.

- Pep Guardiola chiede agli esterni alti (19 e 2) di posizionarsi in ampiezza, lasciando spazio ai centrocampisti offensivi, all'interno dell'"Half Space", per ricevere smarcati e girarsi.

- In questo esempio, il Manchester City è schierato con l'1-3-5-2 e il secondo attaccante, **Sterling (7)**, trasmette palla verso il centrocampista offensivo **De Bruyne (17)**, all'interno dell'"Half Space."

- A questo punto, **De Bruyne (17)** ha varie opzioni per giocare alle spalle della linea difensiva avversaria.

- Nell'esempio in figura, **De Bruyne (17)** trasmette in profondità, sulla corsa dell'esterno alto di destra **Walker (2)**.

Fonte: sessione di allenamento in pre-season di Pep Guardiola al Man City - Nissan Stadium, Nashville, Usa - 29 Luglio 2017

Esercitazioni di Pep Guardiola: flussi di gioco posizionale offensivo (1-3-5-2)

L'ORGANIZZAZIONE DELL'ALLENAMENTO DI PEP GUARDIOLA (1-3-5-2)

- Questa figura mostra l'impostazione dello spazio in campo che Pep Guardiola utilizza per lavorare sui flussi di gioco posizionale, durante un allenamento del suo Manchester City.

- Gli assistenti sono in possesso di numerosi palloni, pronti a trasmettere verso il difensore centrale, che inizia la sequenza.

- 5 sagome sono posizionate in linea, al di fuori dell'area di rigore e 3 difensori, in maglia rossa, agiscono, passivamente, al centro.

- Ogni posizione è occupata da 2 giocatori di movimento (1 blu e 1 giallo), formando 2 squadre da 10, che eseguono la proposta.

- Le 2 squadre lavorano sugli schemi proposti da Pep Guardiola, alternativamente.

- Non appena una squadra conclude il proprio turno, i giocatori tornano verso le posizioni di partenza, in corsa, e l'altra inizia una nuova sequenza.

Fonte: sessione di allenamento in pre-season di Pep Guardiola al Man City - Nissan Stadium, Nashville, Usa - 29 Luglio 2017

Il centrocampista difensivo trasmette palla verso l'attaccante, che scarica sul movimento, attraverso il centro, del 3° uomo

Da una sessione di allenamento di Pep Guardiola al Manchester City

1-3-5-2 di Pep Guardiola: scarico dell'attaccante e movimento del 3° uomo negli spazi centrali

1. Entrambi gli attaccanti si muovono incontro per combinare e il centrocampista offensivo si inserisce, come 3° uomo, alle spalle della linea difensiva

Descrizione

1. Il difensore sinistro (5) trasmette palla verso il difensore centrale (4).

2. Il giocatore ora in possesso (4) cambia lato verso il 3° difensore (30), sulla destra.

3. Il difensore destro (30) trasmette palla verso il centrocampista offensivo (17), che si muove incontro per ricevere all'interno del'"Half Space."

4. Il centrocampista difensivo (25) si muove in avanti e lateralmente per ricevere lo scarico.

5. Il Num.25 gioca verso il primo attaccante (10), che si muove incontro per ricevere.

6. Il Num.10 scarica palla verso il secondo attaccante (7), che si trova in posizione più arretrata.

7. Il centrocampista offensivo (17) si muove come 3° uomo e riceve il passaggio dell'attaccante (7), alle spalle della linea difensiva avversaria, con i giusti tempi, .

8. Il giocatore ora in possesso (17) trasmette palla verso il Num.10, che, arcuando la propria corsa, si porta in posizione di conclusione.

Fonte: sessione di allenamento in pre-season di Pep Guardiola al Man City - Nissan Stadium, Nashville, Usa - 29 Luglio 2017

1-3-5-2 di Pep Guardiola: scarico dell'attaccante e movimento del 3° uomo negli spazi centrali

2. Il primo attaccante scarica palla verso il secondo e il centrocampista offensivo si muove, come 3° uomo, per ricevere al centro

Descrizione

1. Il difensore destro (30) trasmette palla al difensore centrale (4).

2. Il giocatore ora in possesso (4) cambia lato verso il 3° difensore (5), sulla sinistra.

3. Il difensore sinistro (5) trasmette palla verso il centrocampista offensivo (21), all'interno dell'"Half Space."

4. Il centrocampista difensivo (25) si muove in avanti e lateralmente per ricevere lo scarico.

5. Il Num.25 gioca verso il primo attaccante (10), e il secondo (7) arretra la propria posizione.

6. Il Num.10 scarica palla al compagno (7).

7. Il centrocampista offensivo opposto (17) si muove come 3° uomo, con i giusti tempi, per ricevere il passaggio del secondo attaccante (7).

8. Il Num.17 conduce palla tra le sagome e conclude in porta.

Fonte: sessione di allenamento in pre-season di Pep Guardiola al Man City - Nissan Stadium, Nashville, Usa - 29 Luglio 2017

1-3-5-2 di Pep Guardiola: scarico dell'attaccante e movimento del 3° uomo negli spazi centrali

3. Il primo attaccante scarica palla verso il secondo e il centrocampista offensivo si muove, come 3° uomo, per ricevere alle spalle della linea difensiva

Descrizione

1. Il difensore destro (30) trasmette palla al difensore centrale (4).

2. Il Num.4 gioca vero il centrocampista offensivo (21), sulla fascia sinistra, mentre si muove incontro e riceve nell'"Half Space."

3. Il centrocampista difensivo (25), inizialmente, viene incontro come se dovesse ricevere dal Num.4; successivamente, si muove lateralmente per ricevere il passaggio interno del centrocampista offensivo (21).

4. Il Num.25 conduce palla in avanti e trasmette al primo attaccante (10).

5. Il giocatore ora in possesso (10) scarica palla verso il secondo attaccante (7).

6. Il centrocampista offensivo (21) si muove come 3° uomo e riceve il passaggio dell'attaccante (7), alle spalle della linea difensiva, con i giusti tempi.

7. Il Num.21 gioca palla verso il Num.10, che si è portato in avanti, posizionandosi per concludere.

Fonte: sessione di allenamento in pre-season di Pep Guardiola al Man City - Nissan Stadium, Nashville, Usa - 29 Luglio 2017

1-3-5-2 di Pep Guardiola: scarico dell'attaccante e movimento del 3° uomo negli spazi centrali

4. Rapida combinazione di gioco tra il centrocampista offensivo e i 2 attaccanti

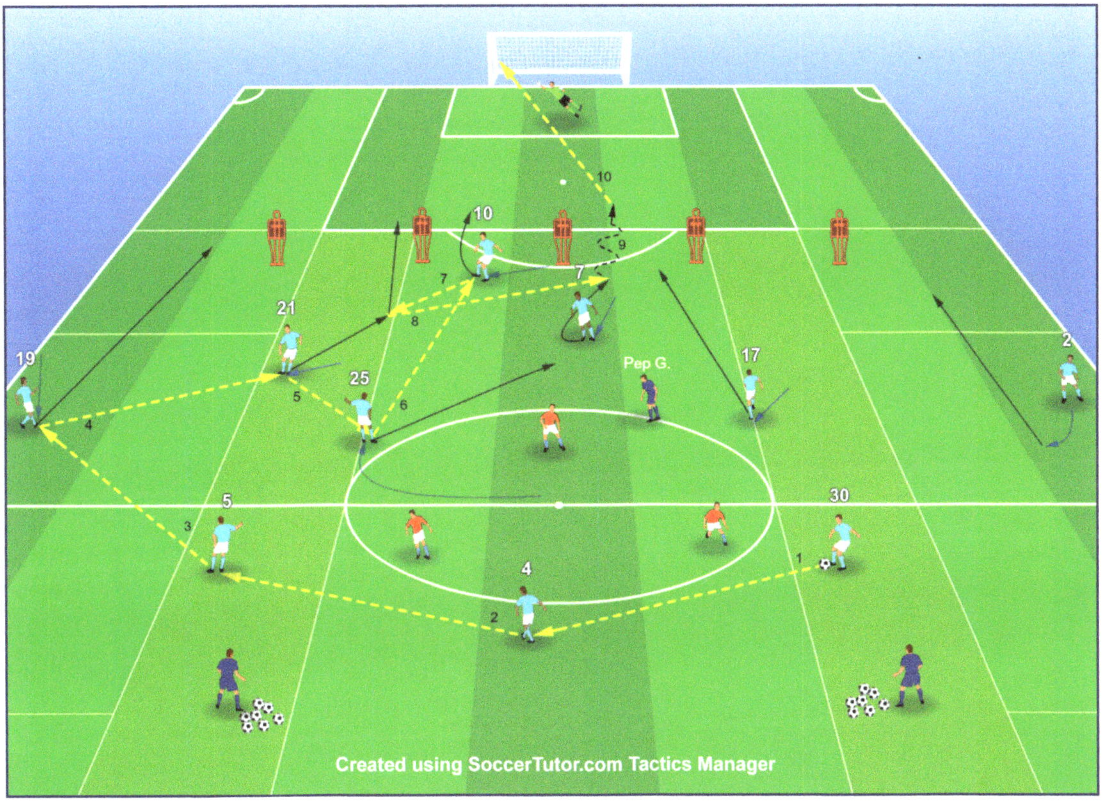

Descrizione

1. Il difensore destro (30) trasmette palla al difensore centrale (4).

2. Il giocatore ora in possesso (4) cambia lato verso il 3° difensore (5), sulla sinistra.

3. Il difensore sinistro (5) trasmette verso l'esterno alto (19), che riceve in ampiezza.

4. Il Num.19 gioca palla al centrocampista offensivo (21), all'interno dell'"Half Space."

5. Il centrocampista difensivo (25) si sposta lateralmente e in avanti per ricevere lo scarico.

6. Il giocatore ora in possesso (25) trasmette al primo attaccante (10) e il secondo (7) si porta in posizione più arretrata.

7. Il Num.10 scarica palla verso il centrocampista offensivo (21), che riceve di nuovo all'interno dell'"Half Space."

8. Il Num.21 trasmette verso il centro, con i giusti tempi, sulla corsa del secondo attaccante (7).

9. Il Num.7 conduce in avanti tra le sagome e conclude in porta.

Fonte: sessione di allenamento in pre-season di Pep Guardiola al Man City - Nissan Stadium, Nashville, Usa - 29 Luglio 2017

1-3-5-2 di Pep Guardiola: scarico dell'attaccante e movimento del 3° uomo negli spazi centrali

5. Costruire gioco, verso gli attaccanti, attraverso rapide combinazioni del centrocampista difensivo

Descrizione

1. Il difensore destro (30) trasmette palla al difensore centrale (4).
2. Il giocatore ora in possesso (4) conduce lateralmente.
3. Il Num.4 trasmette verso il centrocampista difensivo (25).
4. Il Num.25 gioca il passaggio di ritorno, completando una combinazione 1-2.
5. Il difensore centrale (4) cambia lato verso il 3° difensore, sulla sinistra.
6. Il Num.5 trasmette verso il centrocampista offensivo (21), che riceve all'interno dell'"Half Space."
7. Il centrocampista difensivo (25) arcua la propria corsa, in avanti, per ricevere lo scarico.
8. Il Num.25 trasmette palla verso il primo attaccante (10).
9. Il Num.10 gioca sulla corsa del secondo attaccante (7), che conduce in avanti e conclude in porta.

Fonte: sessione di allenamento in pre-season di Pep Guardiola al Man City - Nissan Stadium, Nashville, Usa - 29 Luglio 2017

Cambiare lato offensivo e trasmettere palla alle spalle della linea difensiva, verso il 5° esterno alto

Da una sessione di allenamento di Pep Guardiola al Manchester City

1-3-5-2 di Pep Guardiola: cambiare lato offensivo e giocare in profondità verso il 5° esterno

1. Cambio di gioco verso il 5° esterno alto, che riceve, in sovrapposizione, alle spalle della linea difensiva

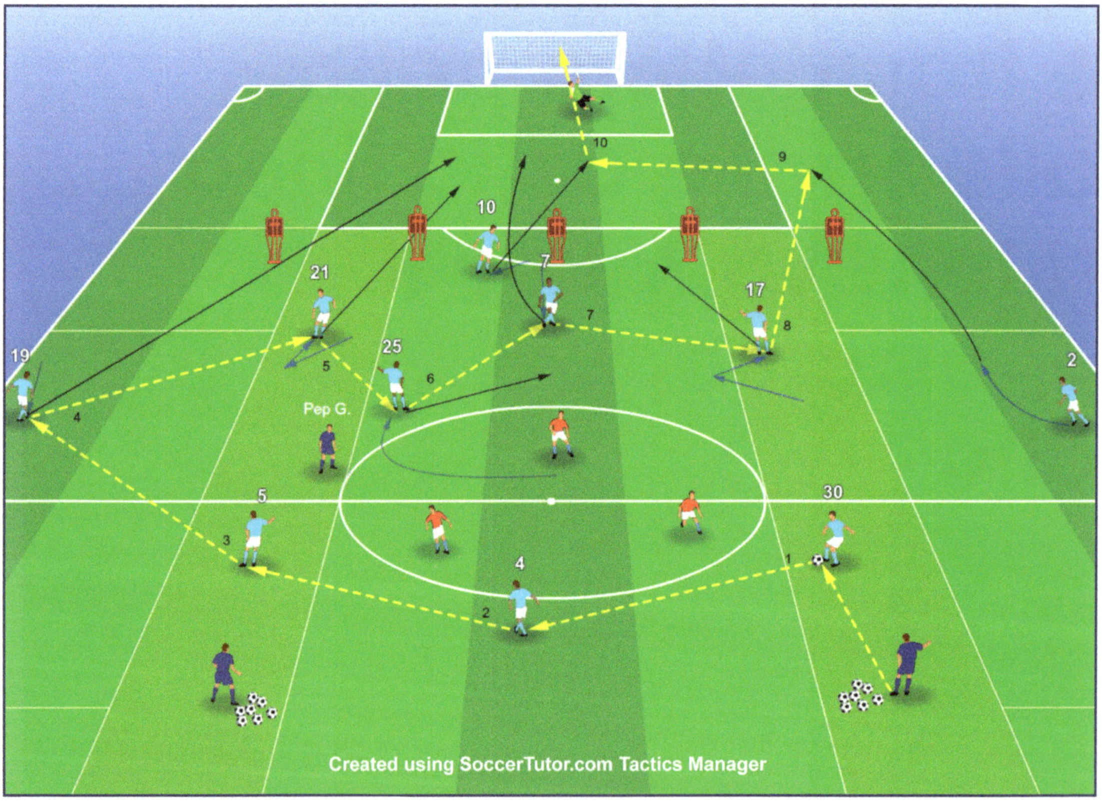

Descrizione

1. Il difensore destro (30) trasmette palla al difensore centrale (4).

2. Il giocatore ora in possesso (4) cambia lato verso il 3° difensore (5), sulla sinistra.

3. Il Num.5 gioca verso l'esterno alto sinistro (19), che riceve in ampiezza.

4. Il Num.19 trasmette verso il centrocampista offensivo (21), all'interno dell'"Half Space."

5. Il centrocampista difensivo (25) si muove lateralmente e in avanti per ricevere lo scarico.

6. Il Num.25 gioca palla all'attaccante (7), che viene incontro per ricevere.

7. Il giocatore ora in possesso (7) scarica palla verso il secondo centrocampista offensivo (17), che riceve, anch'egli, all'interno dell'"Half Space."

8. Il Num.17 gioca palla alle spalle della linea difensiva avversaria, sulla corsa in sovrapposizione del 5° esterno alto di destra (2).

9. Il Num.2 crossa per i compagni di squadra in arrivo, che concludono.

Fonte: sessione di allenamento in pre-season di Pep Guardiola al Man City - Nissan Stadium, Nashville, Usa - 29 Luglio 2017

1-3-5-2 di Pep Guardiola: cambiare lato offensivo e giocare in profondità verso il 5° esterno

2. Cambio di gioco del centrocampista difensivo, con palla alta, verso il 5° esterno alto e movimento, come 3° uomo, del centrocampista offensivo

Descrizione

1. Il difensore destro (30) trasmette palla al difensore centrale (4).

2. Il giocatore ora in possesso (4) cambia lato verso il 3° difensore (5), sulla sinistra.

3. Il Num.5 gioca verso l'esterno alto sinistro (19), che riceve in ampiezza.

4. Il Num.19 trasmette verso il centrocampista offensivo (21), che si muove lateralmente.

5. Il Num.21 gioca palla verso l'attaccante (7), che si muove incontro per ricevere.

6. L'attaccante (7) scarica palla verso il centrocampista difensivo (25), che ha arcuato la propria corsa.

7. Il 5° esterno alto di destra (2) si porta in avanti per ricevere il passaggio, con palla alta, del centrocampista difensivo (25). Il secondo centrocampista offensivo, il Num.17, si muove come 3° uomo tra le sagome.

8. Il Num.2 gioca internamente per il centrocampista offensivo (17).

9. Il Num.17 trasmette palla verso l'attaccante (10), che conclude.

Fonte: sessione di allenamento in pre-season di Pep Guardiola al Man City - Nissan Stadium, Nashville, Usa - 29 Luglio 2017

1-3-5-2 di Pep Guardiola: cambiare lato offensivo e giocare in profondità verso il 5° esterno

3. Cambio di gioco attraverso combinazioni con palla corta, alle spalle della linea difensiva, verso il 5° esterno alto

Descrizione

1. Il difensore centrale (4) conduce palla in avanti.

2. Il giocatore in possesso (4) trasmette verso il difensore sinistro (5), che si muove in avanti.

3. Il Num.5 gioca verso l'esterno alto di sinistra (19), che si muove incontro.

4. Il centrocampista offensivo (21) si muove per ricevere il passaggio successivo all'interno dell'"Half Space."

5. Il Num.21 trasmette all'attaccante (10), che viene incontro.

6. L'attaccante (10) gioca un passaggio di ritorno al centrocampista offensivo (21), completando una combinazione 1-2.

7. Il Num.21 trasmette palla verso il secondo centrocampista offensivo (17), che si è portato in posizione avanzata.

8. Il centrocampista difensivo (25) si muove in avanti per ricevere lo scarico.

9. Il Num.25 gioca alle spalle della linea difensiva avversaria, consentendo al 5° esterno alto (2) di riceve sulla corsa e di crossare basso per compagni di squadra in arrivo.

Fonte: sessione di allenamento in pre-season di Pep Guardiola al Man City - Nissan Stadium, Nashville, Usa - 29 Luglio 2017

1-3-5-2 di Pep Guardiola: cambiare lato offensivo e giocare in profondità verso il 5° esterno

4. Il primo attaccante scarica palla verso il secondo, per cambiare gioco, alle spalle della linea difensiva, verso il 5° esterno alto

* Un difensore in maglia rossa avanza la propria posizione per chiudere la linea di passaggio verso il difensore centrale (4).

Descrizione

1. Il difensore destro (30) cambia lato, giocando direttamente al 3° difensore (5), sulla sinistra.

2. Il giocatore ora in possesso (5) conduce in avanti.

3. Il Num.5 trasmette palla verso il centrocampista offensivo (21), all'interno dell'"Half Space."

4. Il centrocampista difensivo (25) prima si muove incontro e, successivamente, si porta in avanti, arcuando la corsa, per ricevere lo scarico dal Num.21.

5. Il centrocampista difensivo (25) trasmette palla verso l'attaccante (10).

6. Il Num.10 gioca al secondo attaccante (7).

7. Il Num.7 trasmette palla alle spalle della linea difensiva sulla corsa del 5° esterno alto di destra (2), che si porta in avanti.

8. Il Num.2 crossa basso per l'attaccante (10), che conclude.

Fonte: sessione di allenamento in pre-season di Pep Guardiola al Man City - Nissan Stadium, Nashville, Usa - 29 Luglio 2017

1-3-5-2 di Pep Guardiola: cambiare lato offensivo e giocare in profondità verso il 5° esterno

5. Combinazione di gioco con il centrocampista difensivo e trasmissione palla alle spalle della linea difensiva, verso il 5° esterno alto, lungo il lato debole

Descrizione

1. Il difensore sinistro (5) trasmette palla al difensore centrale (4).

2. Il giocatore ora in possesso (4) cambia lato verso il 3° difensore (30), sulla destra.

3. Il Num.30 gioca verso il centrocampista offensivo (17), che viene incontro e riceve all'interno dell'"Half Space."

4. Il centrocampista difensivo (25) si muove lateralmente ed in avanti, per ricevere lo scarico.

5. Il Num.25 trasmette verso l'attaccante (7), che si muove incontro per ricevere.

6. Il Num.7 gioca indietro al centrocampista difensivo (25), completando una combinazione 1-2.

7. Il Num.25 trasmette al secondo centrocampista offensivo (21), che conduce in avanti.

8. Il Num.21 gioca alle spalle della linea difensiva avversaria, sulla corsa, in diagonale, del 5° esterno alto di sinistra (19).

9. Il giocatore ora in possesso (19) crossa per l'attaccante (10), che conclude.

Fonte: sessione di allenamento in pre-season di Pep Guardiola al Man City - Nissan Stadium, Nashville, Usa - 29 Luglio 2017

1-3-5-2 di Pep Guardiola: cambiare lato offensivo e giocare in profondità verso il 5° esterno

6. L'attaccante scarica palla verso il centrocampista offensivo, lungo il lato debole, per cambiare gioco e trasmettere alle spalle della linea difensiva, verso il 5° esterno alto

Descrizione

1. Il difensore sinistro (5) trasmette palla al difensore centrale (4).

2. Il giocatore ora in possesso (4) cambia lato verso il 3° difensore (30), sulla destra.

3. Il Num.30 gioca verso l'esterno alto (2), che riceve in ampiezza.

4. Il Num.2 trasmette verso il centrocampista offensivo (17), all'interno dell'"Half Space."

5. Il centrocampista difensivo (25) si muove lateralmente per ricevere lo scarico.

6. Il Num.25 gioca palla verso il secondo attaccante (7), che viene incontro per ricevere.

7. Il Num.7 trasmette al secondo centrocampista offensivo (21).

8. Il Num.21 gioca alle spalle della linea difensiva, sulla corsa in diagonale del 5° esterno alto di sinistra (19).

9. Il Num.19 crossa basso per i compagni di squadra, che si inseriscono.

Fonte: sessione di allenamento in pre-season di Pep Guardiola al Man City - Nissan Stadium, Nashville, Usa - 29 Luglio 2017

L'attaccante scarica verso il centrocampista offensivo per trasmettere alle spalle della linea difensiva avversaria

Da una sessione di allenamento di Pep Guardiola al Manchester City

Esercitazioni di Pep Guardiola: flussi di gioco posizionale offensivo (1-3-5-2)

"È impossibile restare compatti contro una difesa bassa. L'ampiezza prima, poi muoversi alle spalle"

Fonte: intervista di Pep Guardiola a Transversales, in onda SFR Sport 1, Francia - Febbraio 2018

1-3-5-2 di Pep Guardiola: scarico dell'attaccante al centr. offensivo per giocare in profondità

1. Il centrocampista offensivo trasmette palla alta, dal centro, verso il 5° esterno alto

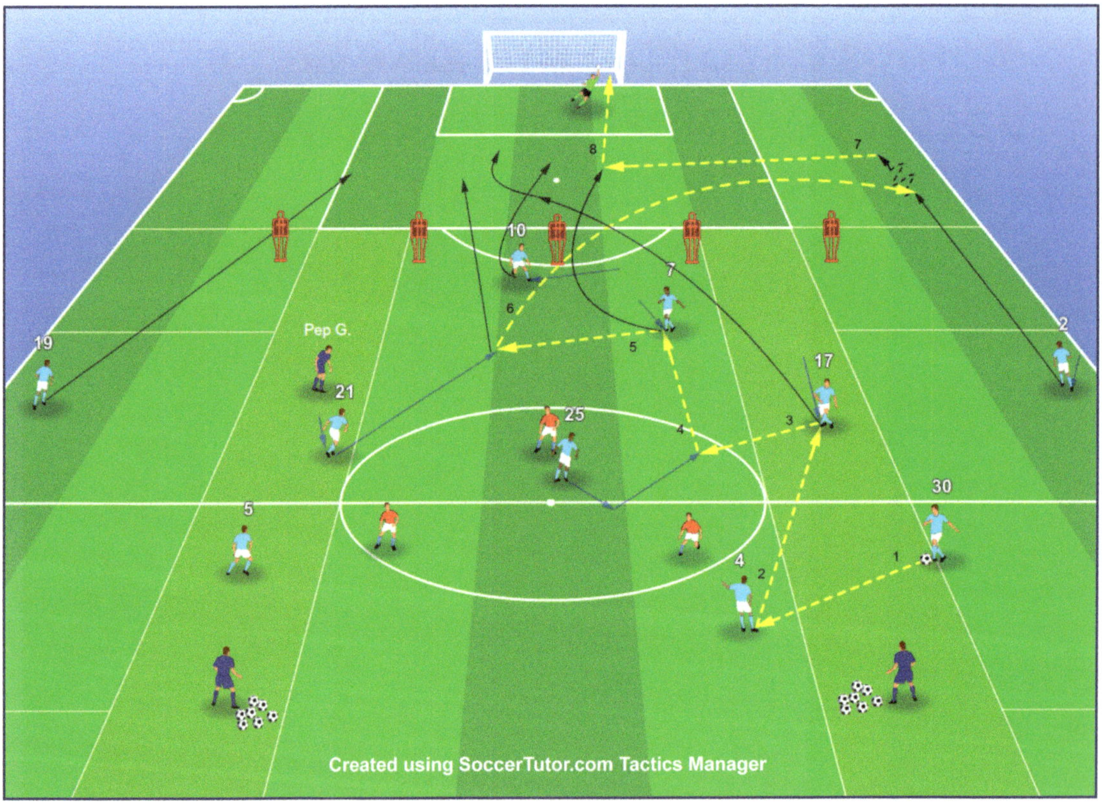

Descrizione

1. Il difensore destro (30) trasmette palla al difensore centrale (4).

2. Il Num.4 gioca verso il centrocampista offensivo (17), che si muove incontro e riceve nell'"Half Space."

3. Il centrocampista difensivo (25) si porta in posizione più arretrata per ricevere lo scarico.

4. Il Num.25 trasmette al secondo attaccante (7), che viene incontro per ricevere.

5. Il Num.7 gioca palla verso il centrocampista offensivo (21), che si muove in avanti.

6. Il Num.21 lancia lungo, sulla fascia, alle spalle della linea difensiva avversaria, sul movimento, in avanti, del 5° esterno alto (2).

7. Il Num.2 crossa basso verso i compagni di squadra, che si inseriscono.

Fonte: sessione di allenamento in pre-season di Pep Guardiola al Man City - Nissan Stadium, Nashville, Usa - 29 Luglio 2017

1-3-5-2 di Pep Guardiola: scarico dell'attaccante al centr. offensivo per giocare in profondità

2. Il centrocampista offensivo riceve lo scarico dall'attaccante più avanzato sulla corsa e gioca alle spalle della linea difensiva, verso il 5° esterno alto

Descrizione

1. Il difensore destro (30) trasmette palla al difensore centrale (4).

2. Il Num.4 gioca verso il centrocampista offensivo (17), che si muove incontro e riceve nell'"Half Space."

3. Il centrocampista difensivo (25) si muove lateralmente per ricevere lo scarico.

4. Il Num.25 conduce palla in avanti e trasmette verso l'attaccante (10), che si muove, anch'egli, lateralmente per ricevere.

5. L'attaccante (10) scarica palla indietro sulla corsa del secondo centrocampista offensivo (21).

6. Il Num.21 gioca alle spalle della linea difensiva, verso il 5° esterno alto (19).

7. Il Num.19 effettua un passaggio tagliato arretrato per il centrocampista offensivo (21).

8. Il Num.21 conclude in porta.

Fonte: sessione di allenamento in pre-season di Pep Guardiola al Man City - Nissan Stadium, Nashville, Usa - 29 Luglio 2017

1-3-5-2 di Pep Guardiola: scarico dell'attaccante al centr. offensivo per giocare in profondità

3. Il centrocampista offensivo riceve lo scarico dall'attaccante sulla corsa e gioca alle spalle della linea difensiva, verso il 5° esterno alto (1)

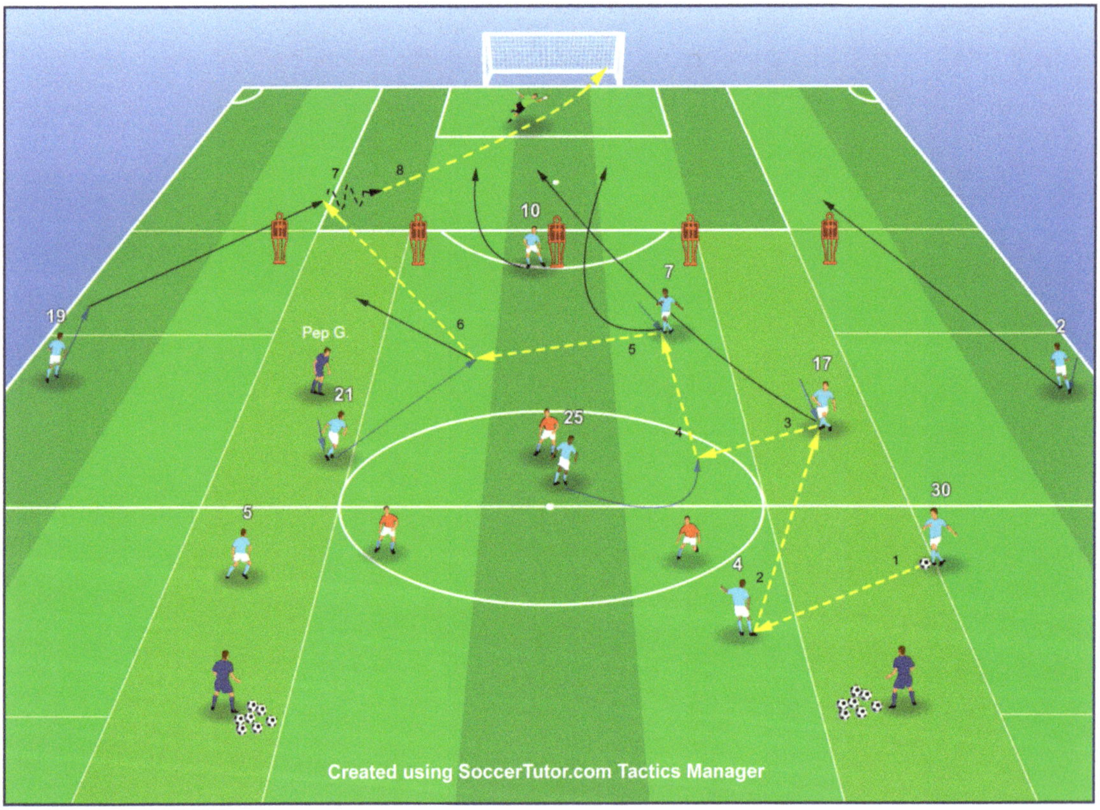

Descrizione

1. Il difensore destro (30) trasmette palla al difensore centrale (4).

2. Il Num.4 gioca verso il centrocampista offensivo (17), che si muove incontro e riceve nell'"Half Space."

3. Il centrocampista difensivo (25) si muove lateralmente per ricevere lo scarico.

4. Il Num.25 trasmette in profondità verso l'attaccante (7), che si muove incontro per ricevere.

5. Il Num.7 gioca palla sulla corsa del centrocampista offensivo (21).

6. Il Num.21 trasmette alle spalle della linea difensiva, sulla corsa del 5° esterno alto (19).

7. Il Num.19 controlla palla verso l'interno e conclude.

Fonte: sessione di allenamento in pre-season di Pep Guardiola al Man City - Nissan Stadium, Nashville, Usa - 29 Luglio 2017

1-3-5-2 di Pep Guardiola: scarico dell'attaccante al centr. offensivo per giocare in profondità

4. Il centrocampista offensivo riceve lo scarico dall'attaccante sulla corsa e gioca alle spalle della linea difensiva, verso il 5° esterno alto (2)

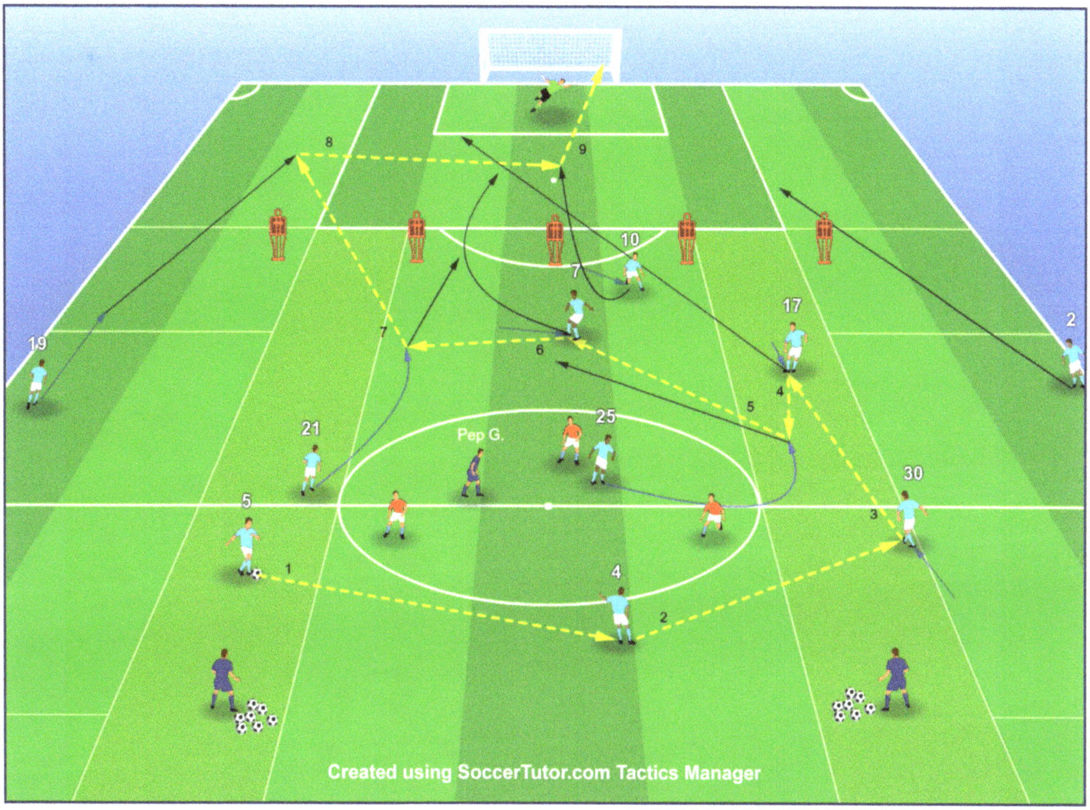

Descrizione

1. Il difensore sinistro (5) trasmette palla al difensore centrale (4).

2. Il Num.4 cambia lato verso il 3° difensore (30), sulla destra.

3. Il Num.30 gioca palla verso il centrocampista offensivo (17), che si muove incontro e riceve all'interno dell'"Half Space."

4. Il centrocampista difensivo (25) arcua la propria corsa in avanti, per ricevere lo scarico.

5. Il Num.25 trasmette verso l'attaccante (7), che si muove incontro per ricevere.

6. L'attaccante (7) gioca palla sulla corsa del secondo centrocampista offensivo (21).

7. Il Num.21 riceve e trasmette alle spalle della linea difensiva avversaria, sulla corsa, in diagonale, del 5° esterno alto di sinistra (19).

8. Il Num.19 crossa basso verso i compagni di squadra, che si inseriscono.

Fonte: sessione di allenamento in pre-season di Pep Guardiola al Man City - Nissan Stadium, Nashville, Usa - 29 Luglio 2017

1-3-5-2 di Pep Guardiola: scarico dell'attaccante al centr. offensivo per giocare in profondità

5. Trasmissioni palla tra le linee e movimento, come 3° uomo, del 5° esterno alto, per ricevere alle spalle della linea difensiva

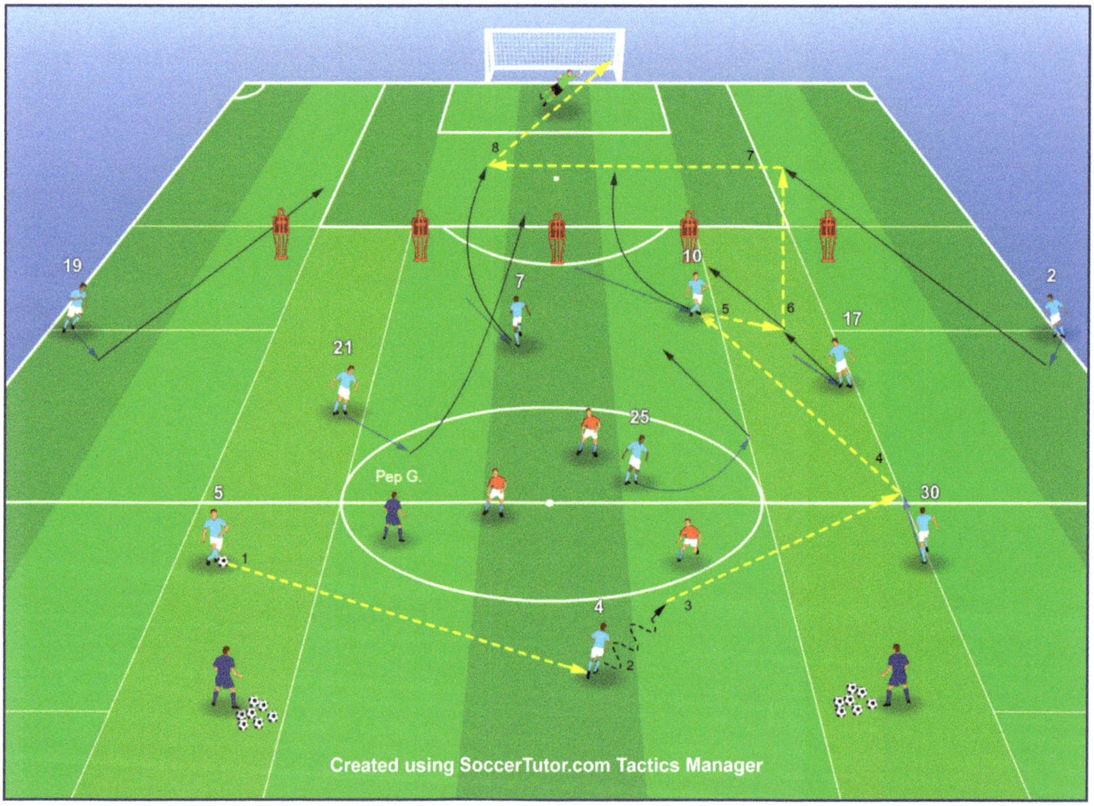

Descrizione

1. Il difensore sinistro (5) trasmette palla al difensore centrale (4).

2. Il Num.4 conduce verso destra, ma viene contrastato.

3. Il difensore centrale (4) cambia lato verso il 3° difensore (30), che si è portato in avanti, sulla destra.

4. Il Num.30 trasmette palla verso l'attaccante (10), che si muove incontro verso destra.

5. Il centrocampista offensivo (17) si porta in avanti, per ricevere lo scarico, all'interno dell'"Half Space."

6. Il Num.17 trasmette palla alle spalle della linea difensiva avversaria, sulla corsa, in diagonale, del 5° esterno alto di destra (2).

7. Il Num.2 crossa basso per i compagni di squadra, che si inseriscono.

Fonte: sessione di allenamento in pre-season di Pep Guardiola al Man City - Nissan Stadium, Nashville, Usa - 29 Luglio 2017

1-3-5-2 di Pep Guardiola: scarico dell'attaccante al centr. offensivo per giocare in profondità

6. Il centrocampista offensivo riceve lo scarico dall'attaccante più avanzato e trasmette palla verso il secondo attaccante, alle spalle della linea difensiva

Descrizione

1. Il difensore centrale (4) conduce palla in avanti, ma viene contrastato da un avversario in maglia rossa.

2. Il Num.4 trasmette al difensore sinistro (5), che si è portato in avanti.

3. Il giocatore ora in possesso (5) gioca verso il centrocampista offensivo (21), che riceve all'interno dell'"Half Space."

4. Il centrocampista difensivo (25) arcua la propria corsa, in avanti, per ricevere lo scarico.

5. Il Num.25 trasmette palla verso l'attaccante (10), che si muove incontro verso sinistra.

6. Il Num.10 gioca verso l'esterno, sulla corsa del centrocampista offensivo (21), all'interno dell'"Half Space."

7. Il centrocampista offensivo (21) trasmette palla tra le sagome, per il secondo attaccante (7), che riceve alle spalle della linea difensiva e conclude.

Fonte: sessione di allenamento in pre-season di Pep Guardiola al Man City - Nissan Stadium, Nashville, Usa - 29 Luglio 2017

Esercitazioni di Pep Guardiola: flussi di gioco posizionale offensivo (1-3-5-2)

PEP GUARDIOLA FERMA LA SESSIONE DI ALLENAMENTO, IN QUESTO MOMENTO, PER APPORTARE ALCUNI CAMBIAMENTI:

- Il centrocampista offensivo sinistro (21) si muove incontro vicino al centrocampista difensivo (25)

- Il centrocampista difensivo (25) scivola leggermente verso destra

- Il 2° attaccante (7) viene incontro e si porta all'interno dell'"Half Space" per ricevere, in molte delle prossime sequenze

- Viene escluso 1 avversario in maglia rossa

Il centrocampista offensivo si muove incontro e l'attaccante si porta nell'"Half Space", come giocatore di collegamento

Da una sessione
di allenamento di
Pep Guardiola al
Manchester City

1-3-5-2 di Pep Guardiola: il centr. offensivo viene incontro e l'attaccante si porta nell'"Half Space"

1. L'attaccante riceve uno scarico nell'"Half Space" e trasmette all'interno, verso un centrocampista offensivo, che conduce alle spalle della linea difensiva

Descrizione

1. Il difensore destro (30) trasmette palla al difensore centrale (4).

2. Il Num.4 cambia lato verso il 3° difensore (5), sulla sinistra.

3. Il centrocampista offensivo (21) si muove incontro. Il difensore sinistro (5) trasmette palla verso l'attaccante (7), che si è mosso lateralmente, per ricevere all'interno dell'"Half Space."

4. Il Num.21 si muove ora in avanti, per ricevere lo scarico dall'attaccante (7).

5. Il centrocampista offensivo (21) gioca palla verso l'attaccante più avanzato (10), che si muove incontro.

6. Il Num.10 appoggia palla per il secondo attaccante (7).

7. Il Num.7 trasmette sulla corsa del centrocampista offensivo (17), lungo il lato opposto.

8. Il Num.17 conduce palla tra le sagome, verso l'area di rigore e conclude in porta.

Fonte: sessione di allenamento in pre-season di Pep Guardiola al Man City - Nissan Stadium, Nashville, Usa - 29 Luglio 2017

1-3-5-2 di Pep Guardiola: il centr. offensivo viene incontro e l'attaccante si porta nell" Half Space"

2. Doppio scarico palla, per permettere una giocata del centrocampista difensivo, verso il 5° esterno alto, alle spalle dell'ultima linea avversaria

Descrizione

1. Il difensore centrale (4) conduce palla in avanti, ma viene contrastato da un avversario in maglia rossa.

2. Il Num.4 trasmette al difensore sinistro (5), che si è portato in avanti.

3. Il Num.5 trasmette verso l'attaccante (10), che si muove lateralmente per ricevere.

4. Il secondo attaccante (7), che si è portato precedentemente sulla sinistra, ora si muove in avanti, per ricevere lo scarico.

5. Il Num.7 gioca palla verso il centrocampista offensivo (17), che si sposta centralmente per ricevere.

6. Il centrocampista difensivo (25) si porta in avanti, per ricevere lo scarico.

7. Il Num.25 gioca palla alle spalle della linea difensiva, sulla corsa del 5° esterno alto, lungo la fascia destra (2).

8. Entrambi gli attaccanti (7 e 10) e l'esterno alto opposto (19) si inseriscono in area di rigore. L'esterno alto destro (2) crossa basso per l'attaccante (10), che conclude.

Fonte: sessione di allenamento in pre-season di Pep Guardiola al Man City - Nissan Stadium, Nashville, Usa - 29 Luglio 2017

1-3-5-2 di Pep Guardiola: il centr. offensivo viene incontro e l'attaccante si porta nell'"Half Space"

3. Combinazione 1-2 del 5° esterno alto con l'attaccante, nell'"Half Space", per ricevere palla alle spalle della linea difensiva

* Il centrocampista offensivo (21) è posizionato al centro mentre l'attaccante (7) si trova in ampiezza.

Descrizione

1. Il difensore destro (30) trasmette palla al difensore centrale (4).
2. Il giocatore ora in possesso (4) conduce in avanti.
3. Il Num.4 gioca verso l'attaccante (7) all'interno dell'"Half Space."
4. Il centrocampista offensivo (21) si muove lateralmente per ricevere lo scarico.
5. Il Num.21 trasmette all'esterno alto di sinistra (19).
6. Il Num.19 gioca centralmente, verso l'attaccante (7), all'interno dell'"Half Space."
7. Il Num.7 trasmette palla, alle spalle della linea difensiva, sulla corsa del 5° esterno alto, completando una combinazione 1-2.
8. Il Num.19 crossa basso per i compagni di squadra, che si inseriscono.

Fonte: sessione di allenamento in pre-season di Pep Guardiola al Man City - Nissan Stadium, Nashville, Usa - 29 Luglio 2017

1-3-5-2 di Pep Guardiola: il centr. offensivo viene incontro e l'attaccante si porta nell'"Half Space"

4. Il 5° esterno alto si muove incontro, e successivamente in avanti, per ricevere palla dall'attaccante, in ampiezza e alle spalle della linea difensiva

Descrizione

1. Il difensore sinistro (5) trasmette palla al difensore centrale (4).

2. Il giocatore ora in possesso (4) conduce palla in avanti, ma viene contrastato da un avversario in maglia rossa.

3. Il Num.4 gioca verso il centrocampista offensivo (17), che viene incontro.

4. Il Num.17 si gira e trasmette palla all'attaccante (7), che si è mosso lateralmente, per ricevere all'interno dell'"Half Space."

5. Il Num.7 si gira e gioca in ampiezza e alle spalle della linea difensiva avversaria, verso il 5° esterno alto di sinistra (19).

6. Il Num.19 riceve e conduce palla in avanti.

7. L'esterno alto (19) gioca un passaggio tagliato arretrato verso l'attaccante (7), che conclude.

Fonte: sessione di allenamento in pre-season di Pep Guardiola al Man City - Nissan Stadium, Nashville, Usa - 29 Luglio 2017

1-3-5-2 di Pep Guardiola: il centr. offensivo viene incontro e l'attaccante si porta nell'"Half Space"

5. Il centrocampista offensivo si muove incontro e l'attaccante scivola attraverso il centro, per combinare all'interno dell'"Half Space" e cambiare gioco

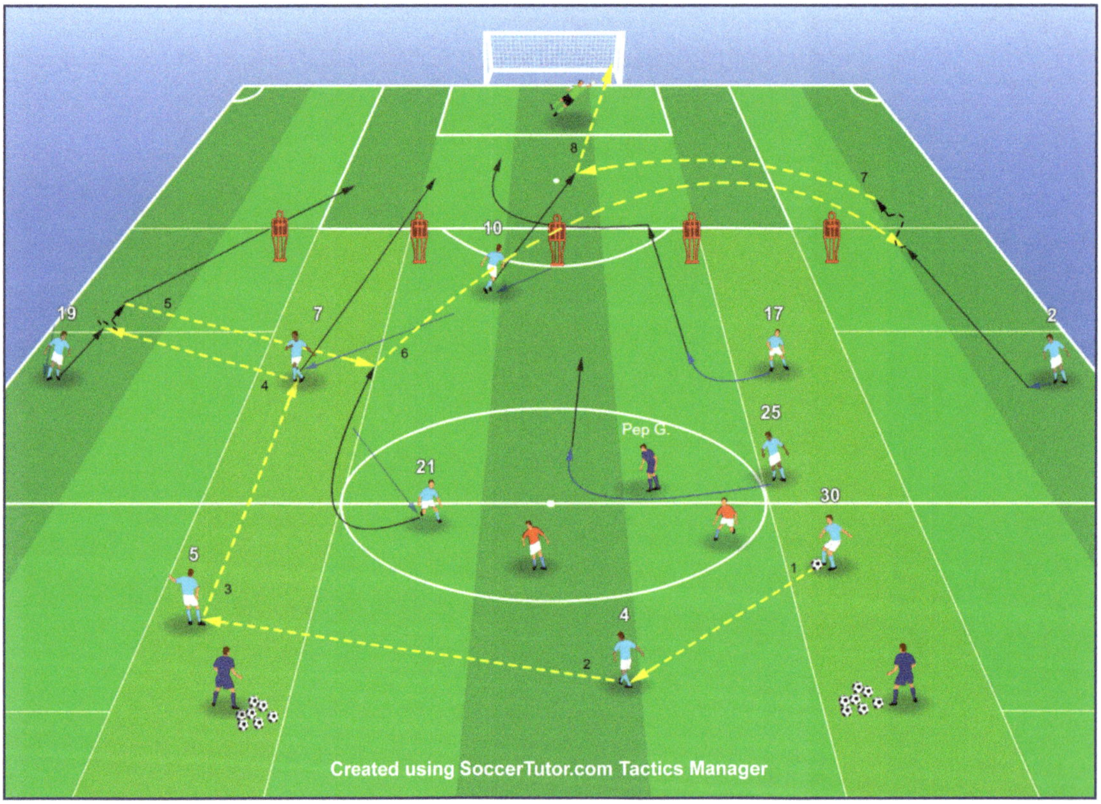

Descrizione

1. Il difensore destro (30) scarica palla, verso il difensore centrale (4).

2. Il Num.4 cambia lato verso il 3° difensore (5), sulla sinistra.

3. Il centrocampista offensivo (21) si muove incontro. Il difensore sinistro (5) gioca palla verso l'attaccante (7), che si muove lateralmente per ricevere all'interno dell'"Half Space."

4. L'attaccante (7) trasmette in ampiezza verso l'esterno alto sinistro (19).

5. Il centrocampista offensivo (21) ora si porta in avanti, per ricevere palla internamente dal Num.19.

6. Il Num.21 gioca palla lunga in avanti, sulla corsa del 5° esterno alto (2).

7. L'esterno alto (2) riceve, conduce palla in avanti e crossa per i compagni di squadra, che si inseriscono.

Fonte: sessione di allenamento in pre-season di Pep Guardiola al Man City - Nissan Stadium, Nashville, Usa - 29 Luglio 2017

1-3-5-2 di Pep Guardiola: il centr. offensivo viene incontro e l'attaccante si porta nell'"Half Space"

6. Il centrocampista offensivo trasmette palla alta, per cambiare gioco da un esterno all'altro

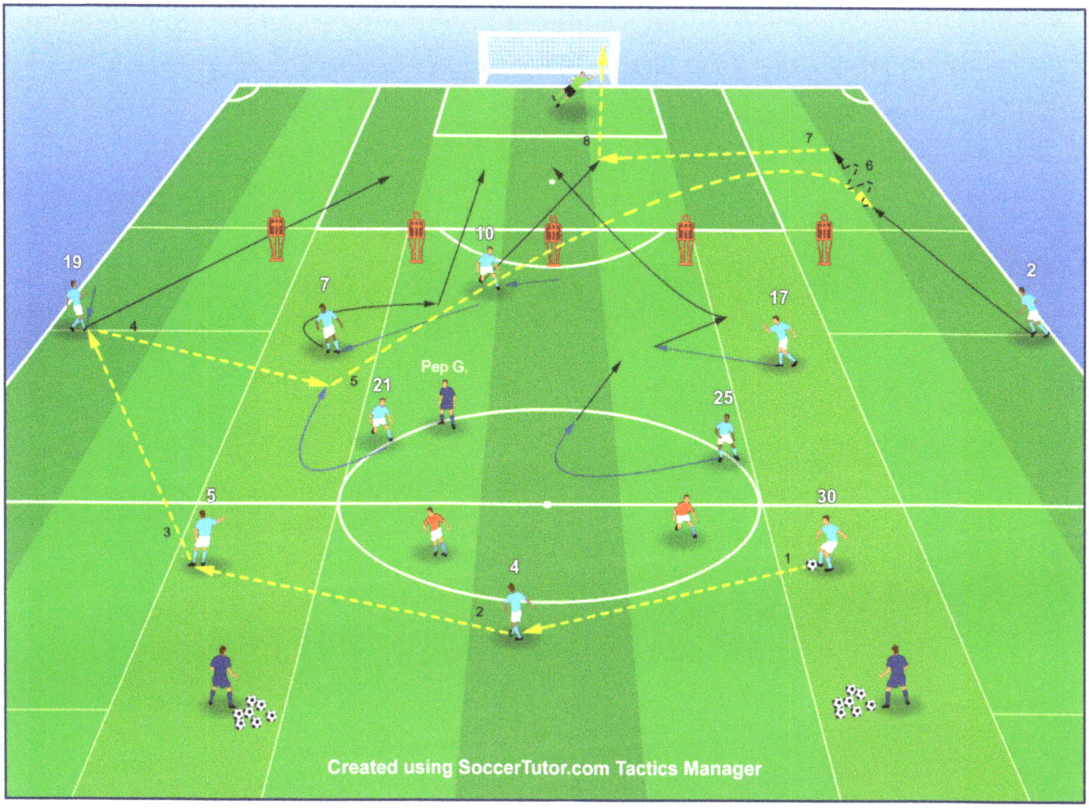

Descrizione

1. Il difensore destro (30) trasmette palla al difensore centrale (4).

2. Il Num.4 cambia lato verso il 3° difensore (5), sulla sinistra.

3. Il difensore sinistro (5) gioca verso l'esterno alto (19), che riceve in ampiezza.

4. Il Num.19 trasmette internamente verso il centrocampista offensivo (21), che si porta in avanti, muovendosi da posizione arretrata, per ricevere all'interno dell'"Half Space."

5. Il Num.21 gioca palla alta e lunga, alle spalle della linea difensiva, sulla corsa del 5° esterno alto di destra (2).

6. Il Num.2 riceve, conduce in avanti e crossa per i compagni di squadra, che si inseriscono.

Fonte: sessione di allenamento in pre-season di Pep Guardiola al Man City - Nissan Stadium, Nashville, Usa - 29 Luglio 2017

1-3-5-2 di Pep Guardiola: il centr. offensivo viene incontro e l'attaccante si porta nell'"Half Space"

7. L'attaccante si muove verso l'"Half Space", per scaricare palla al centrocampista offensivo, che trasmette al 5° esterno alto

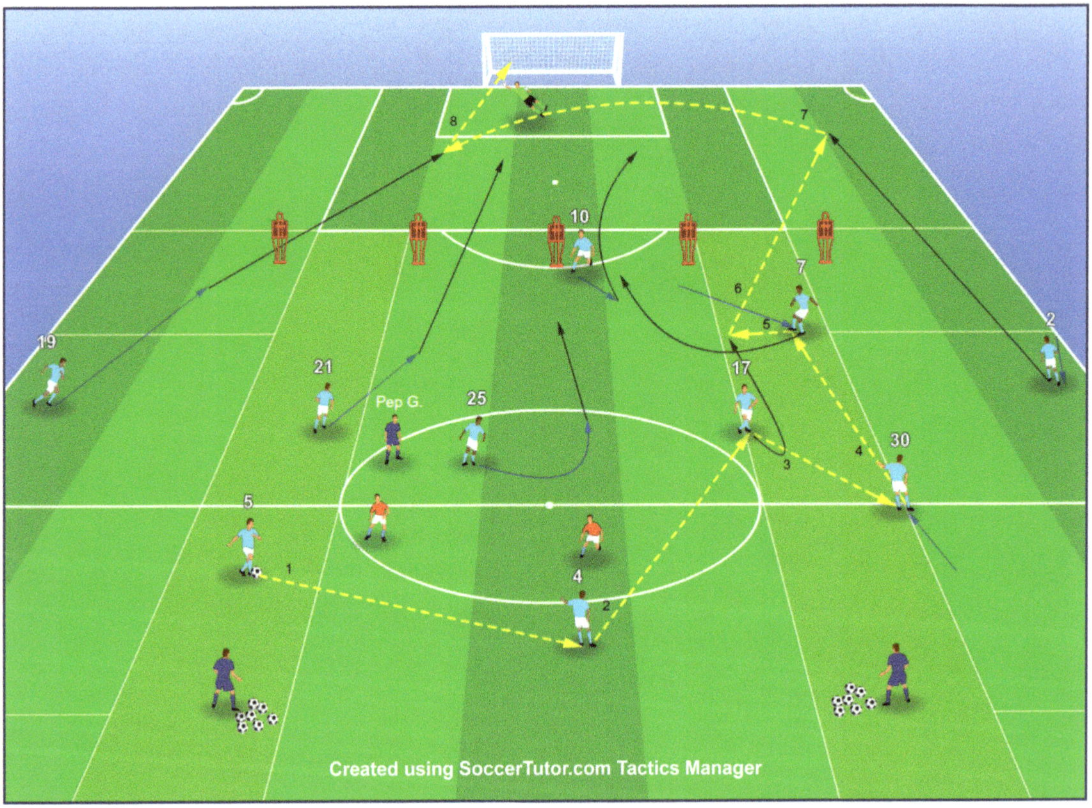

Descrizione

1. Il difensore sinistro (5) trasmette palla al difensore centrale (4).

2. Il Num.4 gioca verso il centrocampista offensivo (17) nell'"Half Space."

3. Il giocatore ora in possesso (17) scarica palla verso il difensore destro (5), che si è portato in avanti.

4. Il Num.5 trasmette al secondo attaccante (7), che si muove lateralmente, per ricevere all'interno dell'"Half Space."

5. Il centrocampista offensivo (17) si muove in avanti per ricevere l'appoggio del portatore di palla.

6. Il Num.17 gioca palla alle spalle della linea difensiva, sulla corsa del 5° esterno di destra (2).

7. Entrambi gli attaccanti (7 e 10), il centrocampista offensivo (21) e l'esterno alto sinistro (19) si portano verso l'area di rigore. Il Num.2 crossa per i compagni di squadra, che si inseriscono.

Fonte: sessione di allenamento in pre-season di Pep Guardiola al Man City - Nissan Stadium, Nashville, Usa - 29 Luglio 2017

1-3-5-2 di Pep Guardiola: il centr. offensivo viene incontro e l'attaccante si porta nell'"Half Space"

8. L'attaccante più avanzato scarica verso il compagno di reparto, che trasmette palla alta in diagonale, verso il 5° esterno alto, alle spalle della linea difensiva

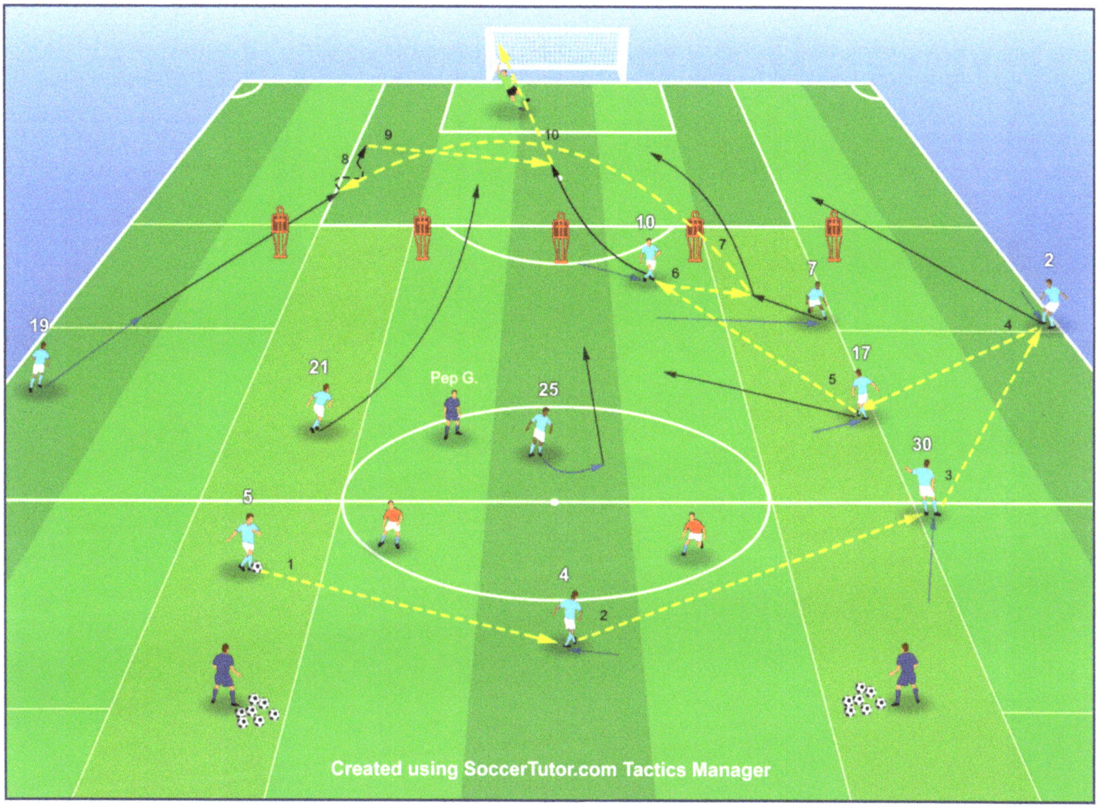

Descrizione

1. Il difensore sinistro (5) trasmette palla al difensore centrale (4).

2. Il Num.4 cambia lato, verso il 3° difensore (30), che si è portato in avanti, sulla destra.

3. Il giocatore ora in possesso (30) gioca palla in ampiezza, verso l'esterno alto destro (2).

4. Il Num.2 trasmette internamente, verso il centrocampista offensivo (17), che riceve all'interno dell'"Half Space." Il secondo attaccante (7) si muove lateralmente.

5. Il Num.17 trasmette palla verso il primo attaccante (10).

6. Il Num.10 scarica palla verso il compagno di reparto (7), all'interno dell'"Half Space."

7. Il Num.7 gioca palla in diagonale, verso il 5° esterno alto sinistro (19), lungo il lato debole.

8. Il Num.19 riceve e conduce in avanti.

9. L'esterno alto sinistro (19) trasmette una palla tagliata indietro, per l'attaccante (10) che si inserisce.

Fonte: sessione di allenamento in pre-season di Pep Guardiola al Man City - Nissan Stadium, Nashville, Usa - 29 Luglio 2017

Consolidare il possesso, prima di trasmettere una palla alta decisiva, in diagonale, alle spalle della linea difensiva avversaria

Da una sessione di allenamento di Pep Guardiola al Manchester City

1-3-5-2 di Pep Guardiola: consolidamento del possesso e giocata alta, in diagonale e in profondità

1. Rapida combinazione di gioco al centro e trasmissione palla alta, corta, in diagonale, verso l'attaccante, alle spalle della linea difensiva

Descrizione

1. Il difensore sinistro (5) trasmette palla al difensore centrale (4).
2. Il Num.4 cambia lato verso il 3° difensore (30), sulla destra.
3. Il Num.30 gioca verso l'attaccante (7), che si muove lateralmente, per ricevere all'interno dell'"Half Space."
4. Il centrocampista offensivo (17) si porta in avanti per ricevere lo scarico.
5 e 6. Il Num.17 combina 1-2 con il centrocampista difensivo (25).
7. Il Num.17 trasmette palla verso il secondo centrocampista offensivo (21), che si è mosso in avanti e verso il centro, per ricevere.
8. Il Num.21 scarica palla verso il centrocampista difensivo (25).
9. Il Num.25 trasmette in ampiezza, verso il 5° esterno alto sinistro (19).
10. Il Num.19 gioca centralmente, verso il centrocampista offensivo (21).
11 e 12. Il giocatore ora in possesso (21) trasmette palla alta, alle spalle della linea difensiva, verso il secondo attaccante (7), che gioca un passaggio tagliato, indietro, verso il primo attaccante (10), che conclude.

Fonte: sessione di allenamento in pre-season di Pep Guardiola al Man City - Nissan Stadium, Nashville, Usa - 29 Luglio 2017

1-3-5-2 di Pep Guardiola: consolidamento del possesso e giocata alta, in diagonale e in profondità

2. Combinazione di gioco con scarichi palla multipli, trasmissione alta, in diagonale, verso l'attaccante, alle spalle della linea difensiva

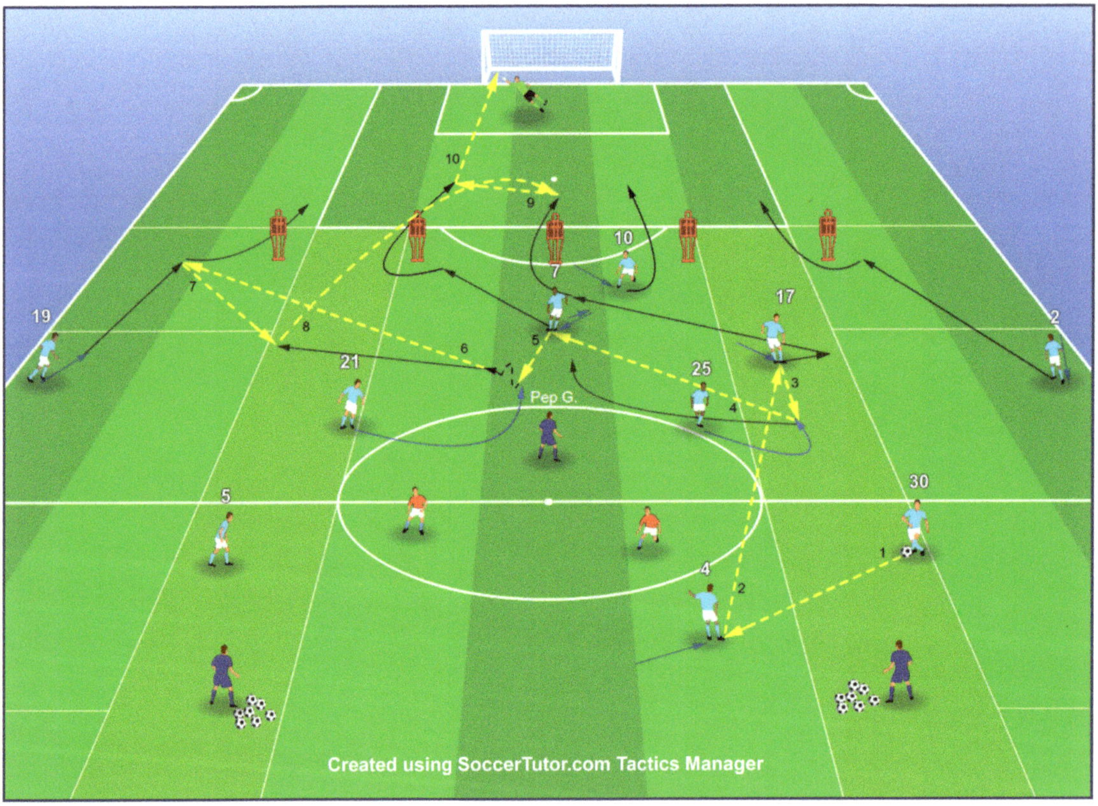

Descrizione

1. Il difensore destro (30) trasmette palla al difensore centrale (4).

2. Il Num.4 gioca verso il centrocampista offensivo (17), all'interno dell'"Half Space."

3. Il centrocampista difensivo (25) si muove per ricevere lo scarico dal centrocampista offensivo (17).

4. Il Num.25 trasmette verso il secondo attaccante (7).

5. Il Num.7 scarica palla sul movimento del secondo centrocampista offensivo (21).

6. Il Num.21 gioca in ampiezza, sulla corsa del 5° esterno sinistro (19).

7. Il Num.19 trasmette indietro al centrocampista offensivo (21), che si è mosso lateralmente, per ricevere all'interno dell'"Half Space."

8. Il Num.21 gioca palla alta, alle spalle della linea difensiva, verso il primo attaccante (10).

9. Il primo attaccante (10) appoggia per il Num.7, che conclude.

Fonte: sessione di allenamento in pre-season di Pep Guardiola al Man City - Nissan Stadium, Nashville, Usa - 29 Luglio 2017

1-3-5-2 di Pep Guardiola: consolidamento del possesso e giocata alta, in diagonale e in profondità

3. Rapida combinazione di gioco al centro, con scarichi palla e trasmissione alta, in diagonale, verso il 5° esterno alto, alle spalle della linea difensiva (1)

Descrizione

1. Il difensore destro (30) trasmette palla al difensore centrale (4).

2. Il Num.4 conduce palla in avanti.

3. Il giocatore in possesso (4) cambia lato, verso il 3° difensore (5), che si è portato in avanti, sulla sinistra.

4. Il difensore sinistro (5) trasmette all'attaccante (10).

5. Il centrocampista offensivo (21) arcua la propria corsa in avanti, per ricevere lo scarico dal Num.10.

6 e 7. Il centrocampista offensivo (21) combina 1-2 con il centrocampista difensivo (25).

8. Il Num.21 gioca palla verso il secondo centrocampista offensivo (17), che si è portato in posizione avanzata.

9. Il centrocampista difensivo (25) si muove lateralmente, per ricevere lo scarico dal Num.17.

10. Il Num.25 trasmette verso il centro, verso il centrocampista offensivo (21).

11. Il Num.21 gioca palla alta, alle spalle della linea difensiva, verso il 5° esterno alto di sinistra (19).

Fonte: sessione di allenamento in pre-season di Pep Guardiola al Man City - Nissan Stadium, Nashville, Usa - 29 Luglio 2017

1-3-5-2 di Pep Guardiola: consolidamento del possesso e giocata alta, in diagonale e in profondità

4. Doppio cambio di gioco, da un esterno alto all'altro, attraverso scarico e trasmissione palla alta, in diagonale, alle spalle della linea difensiva

Descrizione

1. Il difensore sinistro (5) trasmette palla al difensore centrale (4).
2. Il Num.4 conduce palla in avanti.
3. Il giocatore ora in possesso (4) trasmette nuovamente al difensore sinistro (5).
4. Il Num.5 gioca in ampiezza, verso l'esterno alto sinistro (19).
5. Il Num.19 trasmette palla centralmente, verso il centrocampista offensivo (21), all'interno dell'"Half Space."
6. Il Num.21 trasmette palla al secondo attaccante (7), che si è portato all'interno dell'"Half Space."
7. Il Num.7 scarica verso il centrocampista difensivo (25), al centro.
8. Il Num.25 gioca in ampiezza verso il difensore destro (30), che si è portato in avanti.
9. Il Num.30 trasmette al 5° esterno alto destro (2), che si è portato in avanti.
10. Il Num.2 scarica palla verso il centrocampista offensivo (17), che si è mosso lateralmente.
11. Il Num.17 gioca palla alta alle spalle della linea difensiva, verso il 5° esterno alto opposto (19), sulla sinistra.

Fonte: sessione di allenamento in pre-season di Pep Guardiola al Man City - Nissan Stadium, Nashville, Usa - 29 Luglio 2017

1-3-5-2 di Pep Guardiola: consolidamento del possesso e giocata alta, in diagonale e in profondità

5. Rapida combinazione di gioco al centro, con scarichi palla e trasmissione alta, in diagonale, verso il 5° esterno alto, alle spalle della linea difensiva (2)

Descrizione

1. Il difensore destro (30) scarica palla verso il difensore centrale (4).
2. Il Num.4 conduce in avanti.
3. Il giocatore ora in possesso (4) cambia lato verso il 3° difensore (5), sulla sinistra, all'interno dell'"Half Space."
4. Il Num.5 trasmette palla al secondo attaccante (7), che si è mosso lateralmente, per ricevere all'interno dell'"Half Space."
5. Il centrocampista offensivo (21) arcua la propria corsa in avanti, per ricevere lo scarico.
6. Il Num.21 trasmette palla al primo attaccante (10).
7. Il centrocampista offensivo (17), si muove verso il centro, dalla destra, per ricevere lo scarico.
8. Il Num.17 trasmette in ampiezza verso l'esterno alto sinistro (19).
9. Il secondo attaccante (7) si muove in ampiezza per ricevere lo scarico.
10. Il Num.7 gioca palla alta, in diagonale, verso il 5° esterno alto opposto (2), sulla destra, che trasmette centralmente, verso il primo attaccante (10).

Fonte: sessione di allenamento in pre-season di Pep Guardiola al Man City - Nissan Stadium, Nashville, Usa - 29 Luglio 2017

1-3-5-2 di Pep Guardiola: consolidamento del possesso e giocata alta, in diagonale e in profondità

6. Rapida combinazione di gioco nell'"Half Space" e trasmissione palla alta, in diagonale, verso il 5° esterno opposto

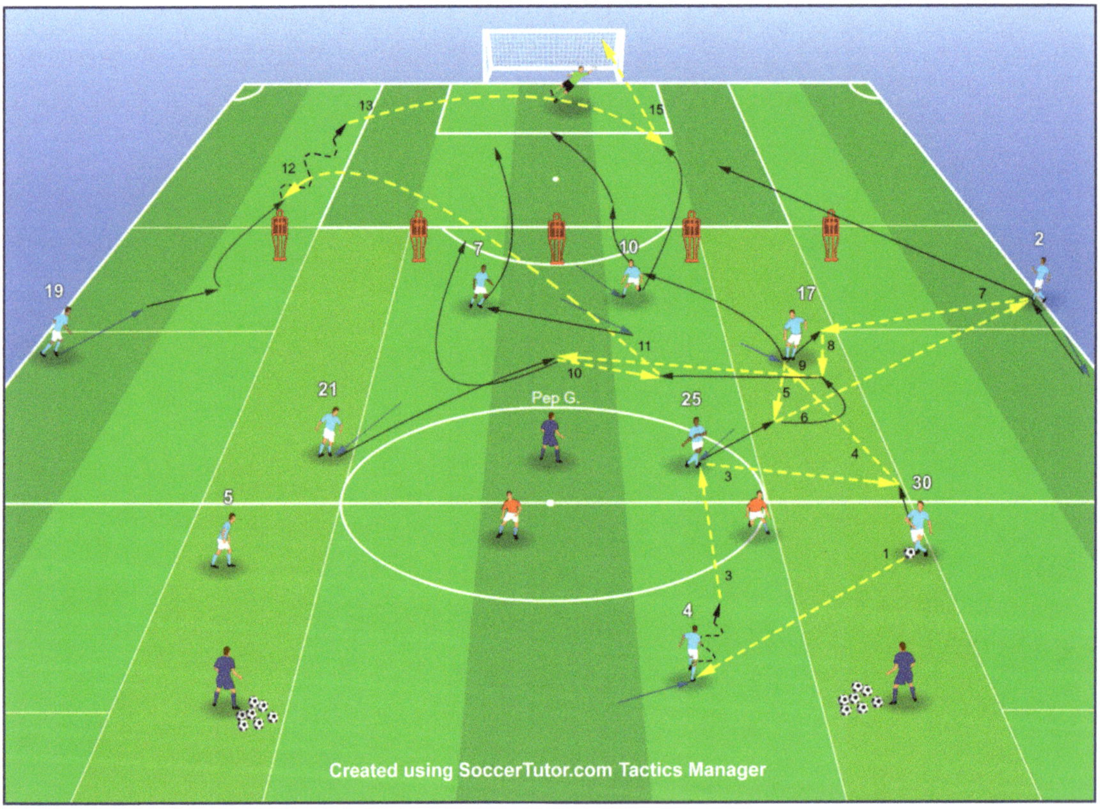

Descrizione

1. Il difensore destro (30) scarica palla verso il difensore centrale (4).

2. Il Num.4 conduce in avanti e gioca verso il centrocampista difensivo (25).

3. Il Num.25 trasmette verso il difensore destro (30).

4. Il giocatore ora in possesso (30) gioca palla verso il centrocampista offensivo (17).

5. Il centrocampista difensivo (25) si muove per ricevere lo scarico.

6. Il Num.25 trasmette in ampiezza, verso l'esterno alto destro (2).

7. Il Num.2 gioca palla al centrocampista offensivo (17) nell'"Half Space."

8. Il Num.25 si porta in avanti per ricevere lo scarico.

9 e 10. Il centrocampista difensivo (25) combina 1-2 con il secondo centrocampista offensivo (21), che si muove verso il centro.

11. Il Num.25 gioca palla alta, alle spalle della linea difensiva, verso il 5° esterno alto opposto (19), sulla sinistra.

Fonte: sessione di allenamento in pre-season di Pep Guardiola al Man City - Nissan Stadium, Nashville, Usa - 29 Luglio 2017

Combinazioni di gioco, attraverso movimenti "dai e vai" e "sovrapposizione interna", del 5° esterno alto

Da una sessione di allenamento di Pep Guardiola al Manchester City

1-3-5-2 di Pep Guardiola: combinazione di gioco "dai e vai" e "sovrapposizione interna"

1. Doppia combinazione 1-2, per permettere al 5° esterno alto di ricevere palla, alle spalle della linea difensiva (1)

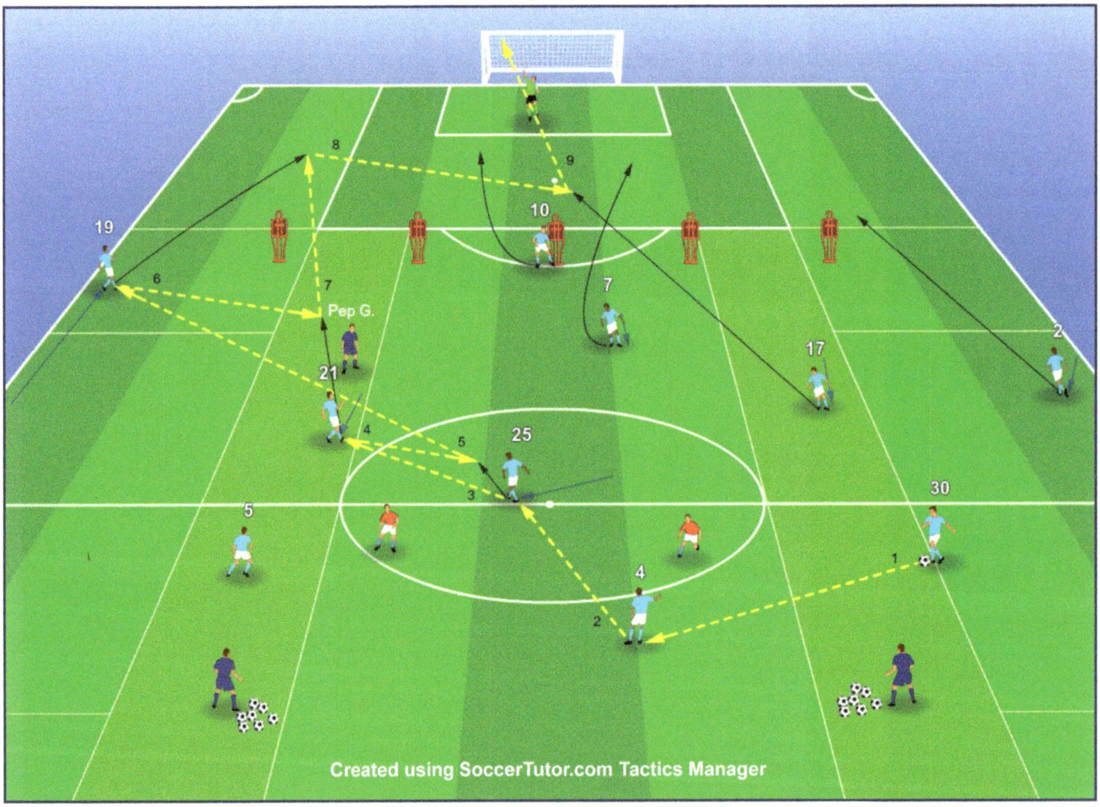

Descrizione

1. Il difensore destro (30) trasmette palla al difensore centrale (4).

2. Il Num.4 gioca verso il centrocampista difensivo (25), al centro.

3. Il Num.25 trasmette al centrocampista offensivo (21), all'interno dell'"Half Space."

4. Il Num.21 gioca palla indietro, completando una combinazione 1-2.

5. Il centrocampista difensivo (25) trasmette all'esterno alto sinistro (19), che riceve in profondità.

6. Il Num.19 gioca palla centralmente, sul movimento in avanti del centrocampista offensivo (21).

7. Il Num.21 trasmette alle spalle della linea difensiva, sulla corsa del 5° esterno alto sinistro (19), completando la seconda combinazione 1-2.

8. Il Num.19 crossa basso per i compagni, che si inseriscono.

Fonte: sessione di allenamento in pre-season di Pep Guardiola al Man City - Nissan Stadium, Nashville, Usa - 29 Luglio 2017

1-3-5-2 di Pep Guardiola: combinazione di gioco "dai e vai" e "sovrapposizione interna"

2. Doppia combinazione 1-2, per permettere al 5° esterno alto di ricevere palla, alle spalle della linea difensiva (2)

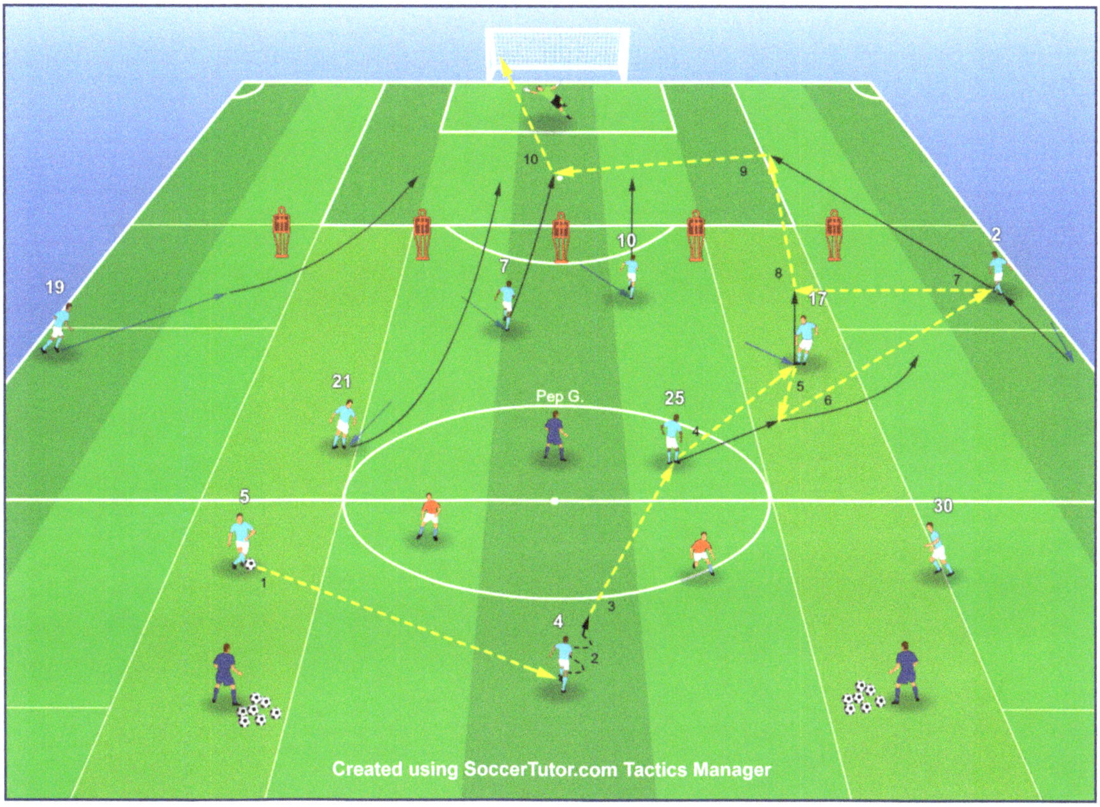

Descrizione

1. Il difensore sinistro (5) trasmette palla al difensore centrale (4).
2. Il Num.4 conduce in avanti.
3. Il portatore di palla (4) gioca verso il centrocampista difensivo (25).
4. Il Num.25 trasmette verso il centrocampista offensivo (17), all'interno dell'"Half Space."
5. Il centrocampista difensivo (25) riceve lo scarico dal Num.17, all'interno dell'"Half Space", completando una combinazione 1-2.
6. Il Num.25 gioca in ampiezza, verso il 5° esterno alto destro (2), che effettua un contro-movimento, prima di portarsi in avanti per ricevere.
7. Il Num.2 trasmette palla centralmente, verso il centrocampista offensivo (17), all'interno dell'"Half Space."
8. Il Num.17 gioca alle spalle della linea difensiva, sulla corsa dell'esterno alto destro (2), completando la seconda combinazione 1-2.
9. Il Num.2 crossa basso per i compagni di squadra, che si inseriscono.

Fonte: sessione di allenamento in pre-season di Pep Guardiola al Man City - Nissan Stadium, Nashville, Usa - 29 Luglio 2017

1-3-5-2 di Pep Guardiola: combinazione di gioco "dai e vai" e "sovrapposizione interna"

3. Giocare in ampiezza, verso il 5° esterno alto e trasmettere palla, alle spalle della linea difensiva, sul movimento in sovrapposizione interna, del centrocampista offensivo

Descrizione

1. Il difensore sinistro (5) trasmette palla al difensore centrale (4).
2. Il Num.4 conduce in avanti.
3. Il portatore di palla (4) gioca verso il centrocampista difensivo (25).
4. Il Num.25 trasmette al difensore destro (30).
5. Il Num.30 gioca palla verso il centrocampista offensivo (17).
6. Il centrocampista difensivo (25) si muove per ricevere lo scarico.
7. Il Num.25 trasmette in ampiezza, verso il 5° esterno alto destro (2).
8. L'esterno alto (2) gioca alle spalle della linea difensiva, verso il centrocampista offensivo (17), che si muove in sovrapposizione interna.
9. Il Num.17 crossa basso per i compagni di squadra, che si inseriscono.

Fonte: sessione di allenamento in pre-season di Pep Guardiola al Man City - Nissan Stadium, Nashville, Usa - 29 Luglio 2017

1-3-5-2 di Pep Guardiola: combinazione di gioco "dai e vai" e "sovrapposizione interna"

4. Cambiare gioco, verso il 5° esterno alto e trasmettere palla, alle spalle della linea difensiva, sul movimento in sovrapposizione interna, del centrocampista offensivo

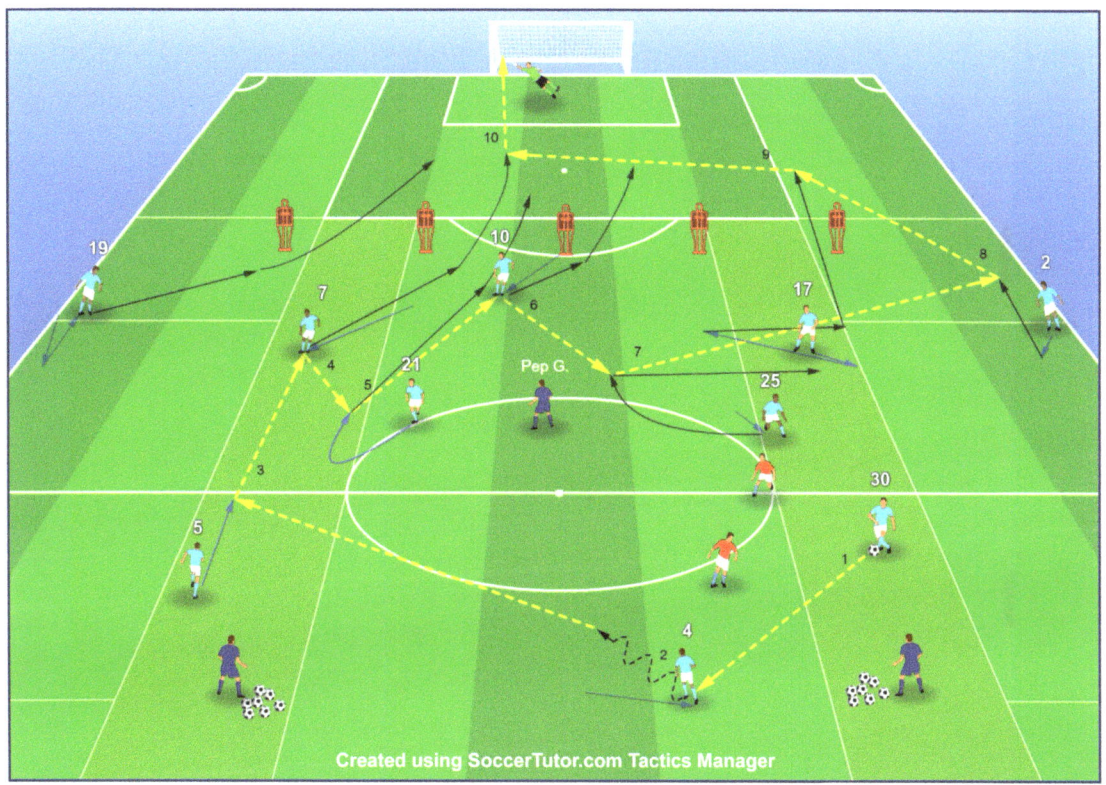

Descrizione

1. Il difensore destro (30) trasmette palla al difensore centrale (4).

2. Il Num.4 conduce palla verso sinistra.

3. Il difensore centrale (4) cambia lato, verso il 3° difensore (5), che si è portato in avanti, sulla sinistra.

4. Il Num.5 gioca verso l'attaccante (7), che si muove lateralmente, per ricevere all'interno dell'"Half Space."

5. Il centrocampista offensivo (21) si porta all'interno dell'"Half Space", per ricevere lo scarico.

6. Il Num.21 gioca palla all'attaccante (10), posizionato al centro.

7. Il centrocampista difensivo (25) si muove, anch'egli, verso il centro, per ricevere lo scarico.

8. Il Num.25 gioca in ampiezza, verso il 5° esterno alto destro (2), che effettua un contro-movimento, prima di portarsi in avanti per ricevere.

9. L'esterno alto destro (2) trasmette palla al centrocampista offensivo (17), che si muove in sovrapposizione interna.

Fonte: sessione di allenamento in pre-season di Pep Guardiola al Man City - Nissan Stadium, Nashville, Usa - 29 Luglio 2017

1-3-5-2 di Pep Guardiola: combinazione di gioco "dai e vai" e "sovrapposizione interna"

5. Giocata in profondità tra linee e combinazione 1-2 in ampiezza, con il movimento in sovrapposizione interna del centrocampista offensivo

Descrizione

1. Il difensore sinistro (5) trasmette palla al difensore centrale (4).

2. Il Num.4 conduce in avanti.

3. Il portatore di palla (4) gioca al centrocampista difensivo (25), che effettua un contro-movimento prima di ricevere.

4. Il Num.25 trasmette al centrocampista offensivo (21), all'interno dell'"Half Space."

5. Il Num.21 gioca sulla corsa del 5° esterno alto sinistro (19).

6. Il Num.19 gioca alle spalle della linea difensiva, verso il centrocampista offensivo (21), che si muove in sovrapposizione interna.

7. Il Num.21 effettua un cross arretrato verso l'attaccante (10), che conclude.

Fonte: sessione di allenamento in pre-season di Pep Guardiola al Man City - Nissan Stadium, Nashville, Usa - 29 Luglio 2017

Penetrazione del centrocampista offensivo per ricevere e condurre palla negli spazi centrali

Da una sessione di allenamento di Pep Guardiola al Manchester City

1-3-5-2 di Pep Guardiola: il centr. offensivo si muove per ricevere e conduce centralmente

1. Rapida combinazione di gioco, all'interno ed intorno all'"Half Space" e trasmissione palla verso il centrocampista offensivo, che conduce alle spalle della linea difensiva

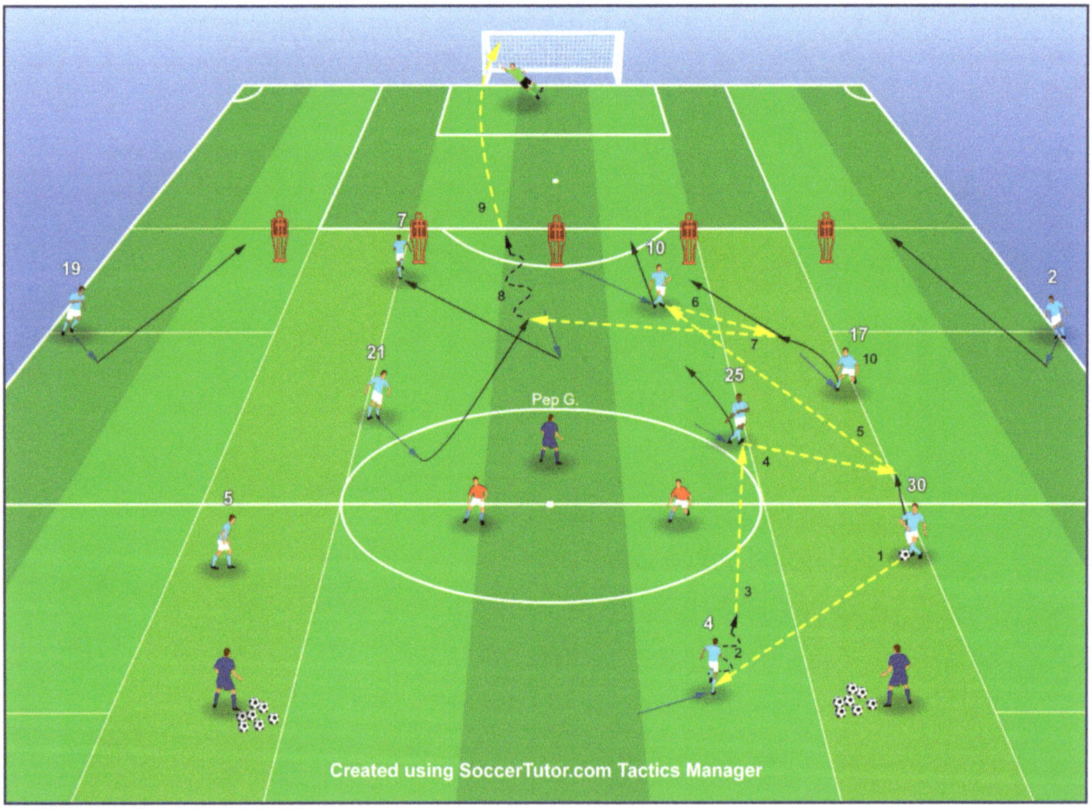

Descrizione

1. Il difensore sinistro (5) trasmette palla al difensore centrale (4).
2. Il Num.4 conduce in avanti.
3. Il portatore di palla (4) gioca verso il centrocampista difensivo (25).
4. Il Num.25 trasmette al difensore destro (30).
5. Il giocatore ora in possesso (30) gioca palla verso l'attaccante (10).
6. Il centrocampista offensivo (17) si muove per ricevere lo scarico all'interno dell'"Half Space."
7. Il Num.17 trasmette al centrocampista offensivo sinistro (21), che si muove in avanti e verso il centro.
8. Il Num.21 riceve e conduce tra le sagome e verso la porta.
9. Il centrocampista offensivo (21) conclude da fuori area di rigore.

Fonte: sessione di allenamento in pre-season di Pep Guardiola al Man City - Nissan Stadium, Nashville, Usa - 29 Luglio 2017

1-3-5-2 di Pep Guardiola: il centr. offensivo si muove per ricevere e conduce centralmente

2. Entrambi gli attaccanti si muovono lateralmente, combinando e creando spazio per la conduzione di palla del centrocampista offensivo, alle spalle dell'ultima linea avversaria

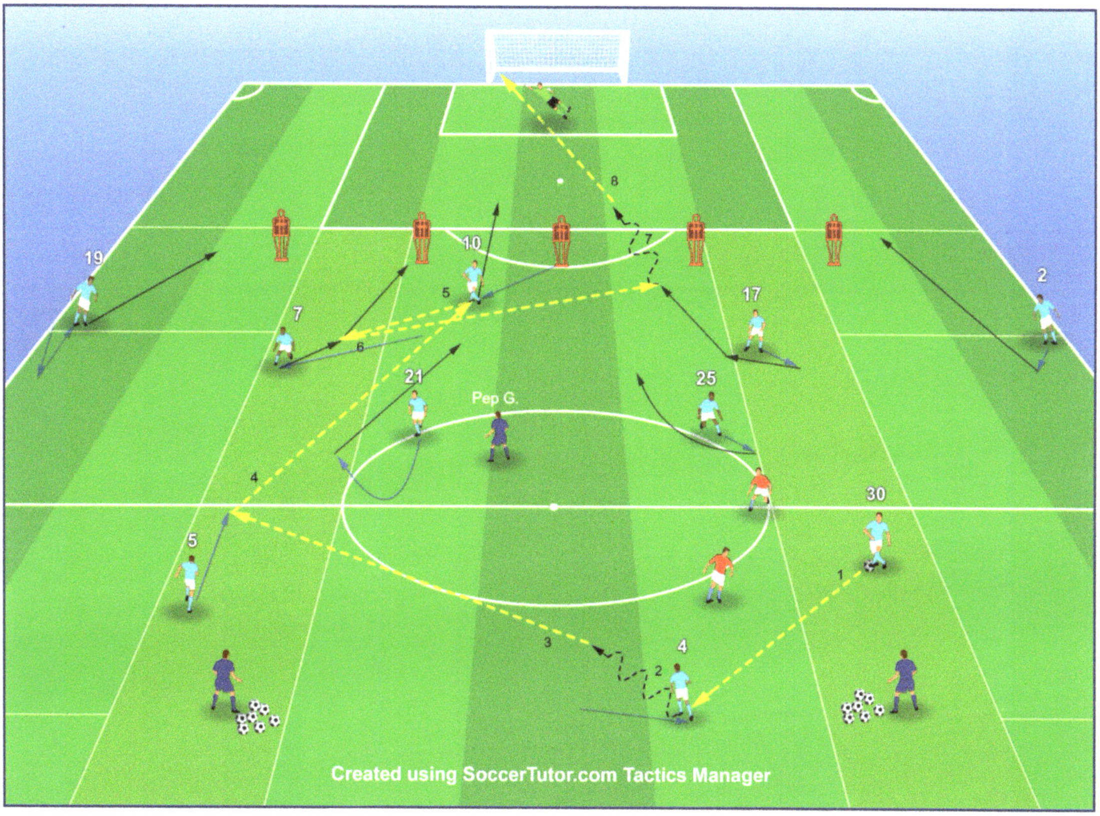

Descrizione

1. Il difensore destro (30) trasmette palla al difensore centrale (4).

2. Il Num.4 conduce verso sinistra.

3. Il portatore di palla (4) cambia lato verso il 3° difensore (5), che si è portato in avanti, sulla sinistra.

4. Il Num.5 gioca palla verso l'attaccante (10), che si è mosso lateralmente.

5. Il secondo attaccante (7), che in precedenza si è spostato verso sinistra, all'interno dell'"Half Space", successivamente si muove in avanti per ricevere lo scarico.

6. Il Num.7 trasmette palla al centrocampista offensivo destro (17), che si muove in avanti e verso il centro.

7. Il Num.17 riceve e conduce tra le sagome e verso la porta.

8. Il centrocampista offensivo (17) conclude dentro l'area di rigore.

Fonte: sessione di allenamento in pre-season di Pep Guardiola al Man City - Nissan Stadium, Nashville, Usa - 29 Luglio 2017

COMBINAZIONI OFFENSIVE E FASE DI CONCLUSIONE

Esercitazioni di Pep Guardiola: combinazioni offensive e fase di conclusione

"Il mio calcio è semplice: mi piace attaccare, attaccare e attaccare."

"Amo attaccare, questa è la mia idea di calcio. È la velocità in fase offensiva che mi intriga."

Combinazioni di gioco offensive per creare occasioni di conclusione

Dalle sessioni di allenamento di Pep Guardiola al Manchester City

Esercitazioni di Pep Guardiola: combinazioni offensive e fase di conclusione

1. Trasmettere palla e proporsi per ricevere, nelle combinazioni offensive, con scarico, conduzione e conclusione

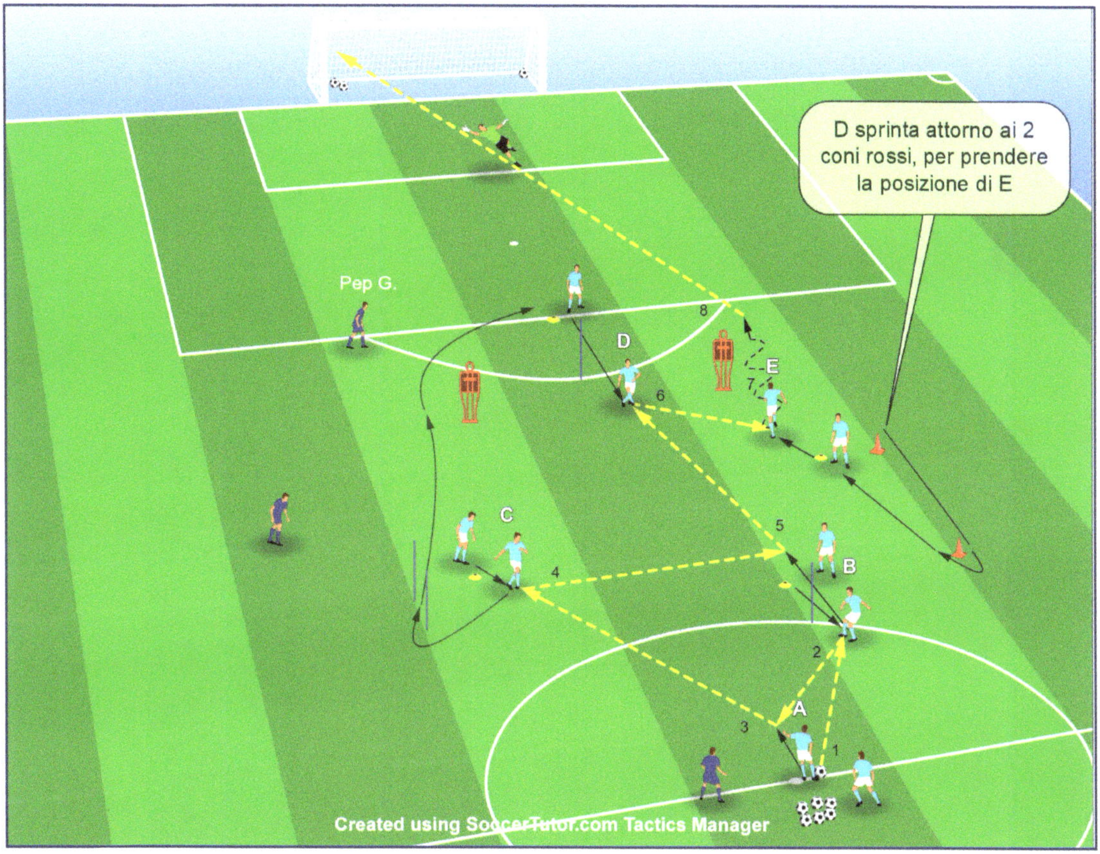

Descrizione

1. Il giocatore A trasmette palla verso B, che si muove incontro, lasciandosi il paletto alle spalle.

2. B gioca un passaggio di ritorno verso A, che si muove in avanti, completando una combinazione 1-2.

3. B trasmette a C.

4. C gioca verso B, che si è portato in avanti, oltrepassando il paletto.

5. B trasmette in avanti verso D, che si muove incontro.

6. D scarica sul movimento in avanti di E.

7. E riceve e conduce oltre la linea delle sagome.

8. E conclude.

9. I giocatori ruotano le posizioni come segue: A -> B -> C -> D -> E -> A.

Fonte: sessione di allenamento di Pep Guardiola al Man City - Etihad Campus Training Ground, Manchester - 12 Luglio 2017

Esercitazioni di Pep Guardiola: combinazioni offensive e fase di conclusione

2. Trasmissioni palla in combinazione, 1-2 per ricevere alle spalle della linea difensiva e conclusione

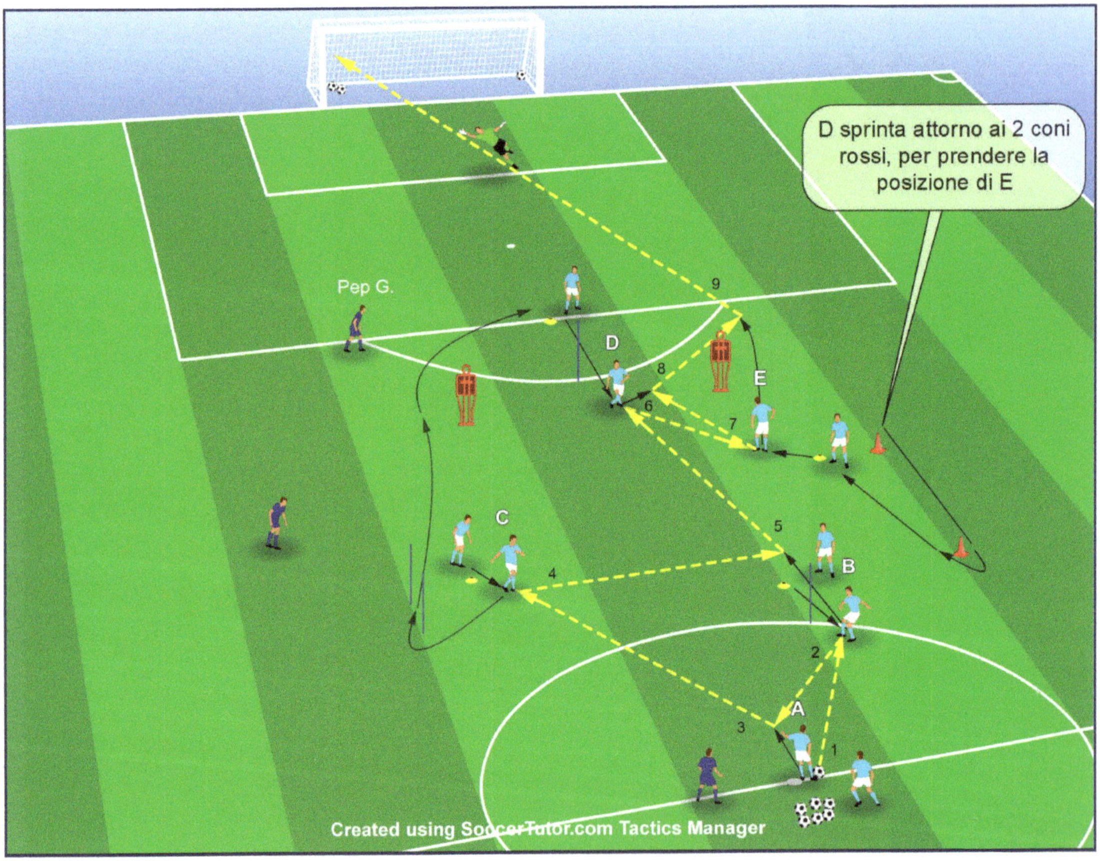

D sprinta attorno ai 2 coni rossi, per prendere la posizione di E

Descrizione

- In questa variante della proposta precedente, il giocatore E non conduce palla in avanti, dopo la ricezione dello scarico da D.

- E, invece, completa una combinazione 1-2 con D e conclude, dopo la ricezione del passaggio di ritorno, alle spalle delle sagome.

- I giocatori ruotano le posizioni come segue: A -> B -> C -> D -> E -> A.

Fonte: sessione di allenamento di Pep Guardiola al Man City - Etihad Campus Training Ground, Manchester - 12 Luglio 2017

Esercitazioni di Pep Guardiola: combinazioni offensive e fase di conclusione

3. Trasmissioni palla in combinazione, ricezione sulla corsa di un passaggio rasoterra, 1-2 e tiro in porta

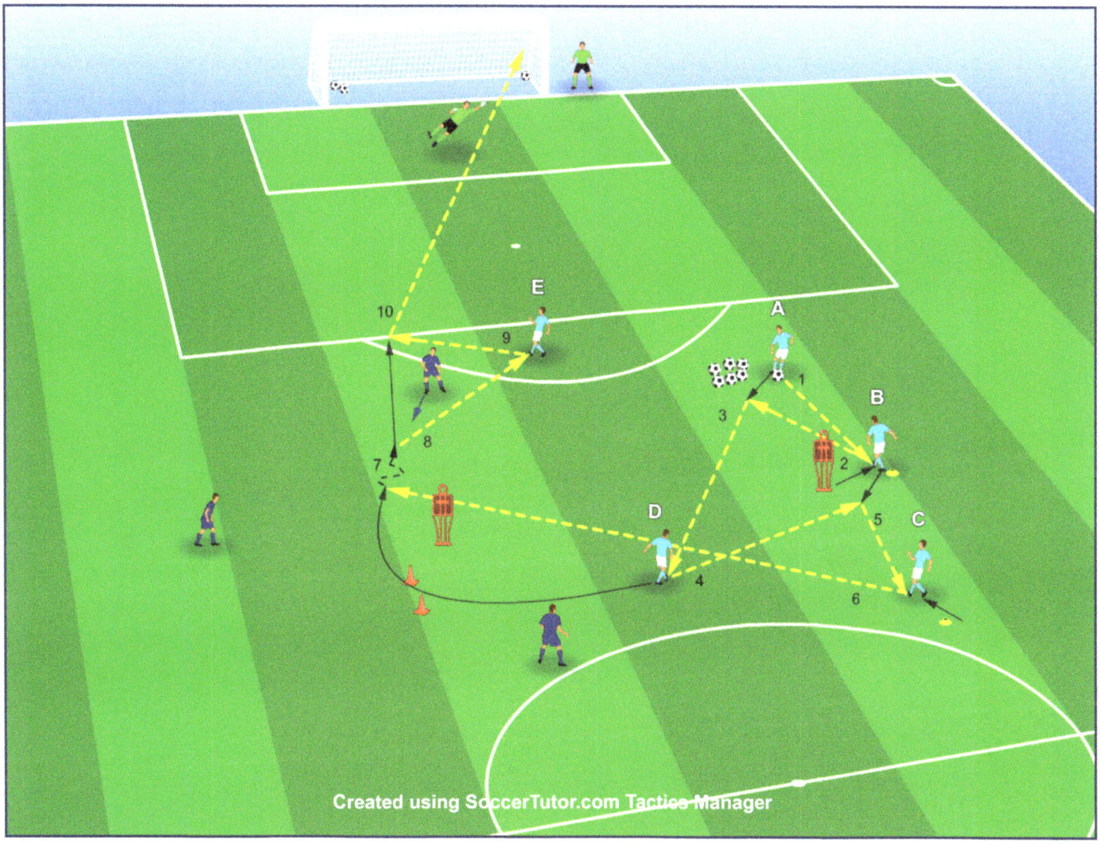

Descrizione

1. Il giocatore A scarica palla verso B.
2. B gioca un passaggio di ritorno verso A, completando una combinazione 1-2.
3. A trasmette in diagonale a D.
4. D gioca centralmente a B, che si è mosso incontro per ricevere.
5. B scarica palla verso C.
6. C effettua il passaggio più lungo della sequenza sul movimento di D, che ha arcuato la propria corsa, passando attraverso i coni rossi, come mostrato.
7. D conduce in avanti, ma si trova pressato passivamente dall'allenatore.
8. A trasmette palla verso E.
9 & 10. E gioca un passaggio di ritorno sulla corsa di D (combinazione 1-2), che conclude.
11. I giocatori ruotano le posizioni come segue: A -> B -> C -> D -> E -> A.

Fonte: sessione di allenamento di Pep Guardiola al Man City - Etihad Campus Training Ground, Manchester - 3 Maggio 2018

Esercitazioni di Pep Guardiola: combinazioni offensive e fase di conclusione

4. Trasmissioni palla in combinazione, ricezione sulla corsa di un passaggio alto, 1-2 e tiro in porta

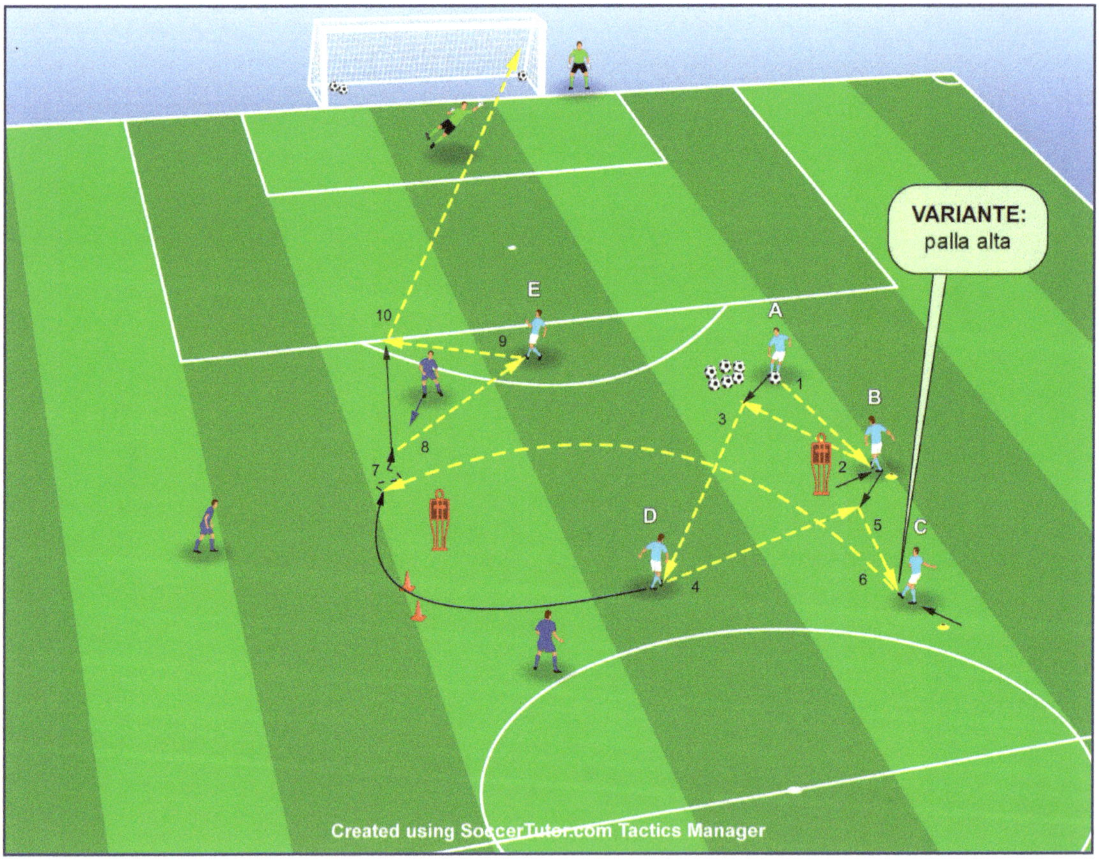

Descrizione

- In questa variante della proposta precedente, il giocatore C gioca palla alta, invece di un passaggio rasoterra.
- Il resto della sequenza è uguale alla precedente.

- I giocatori ruotano le posizioni come segue: A -> B -> C -> D -> E -> A.

Fonte: sessione di allenamento di Pep Guardiola al Man City - Etihad Campus Training Ground, Manchester - 3 Maggio 2018

Esercitazioni di Pep Guardiola: combinazioni offensive e fase di conclusione

5. Trasmissioni palla in combinazione e passaggio alto, in diagonale, alle spalle della linea difensiva, sulla corsa del 3° uomo e conclusione

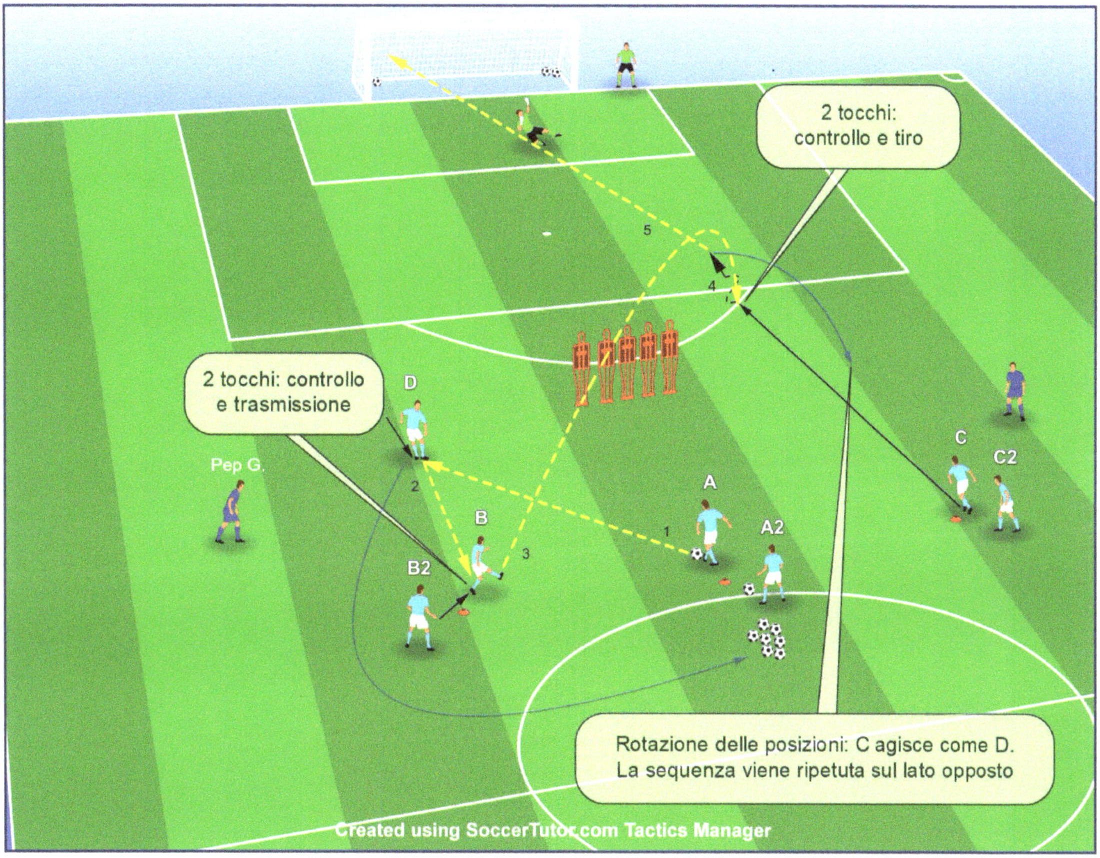

Descrizione

1. Il giocatore A trasmette palla, in diagonale, verso D.

2. D si muove incontro e scarica verso B.

3. C calibra la propria corsa in avanti. B controlla e trasmette palla alta, al di là delle sagome (2 tocchi), con i tempi giusti per la ricezione di C.

4 & 5. C controlla e conclude (2 tocchi).

6. I giocatori ruotano le posizioni.

7. La proposta viene ripetuta lungo il lato opposto, con C che assume il ruolo di D.

Fonte: sessione di allenamento di Pep Guardiola al Man City - Etihad Campus Training Ground, Manchester

Esercitazioni di Pep Guardiola: combinazioni offensive e fase di conclusione

6. 1-2, trasmissione palla in ampiezza e in profondità, cross e conclusione

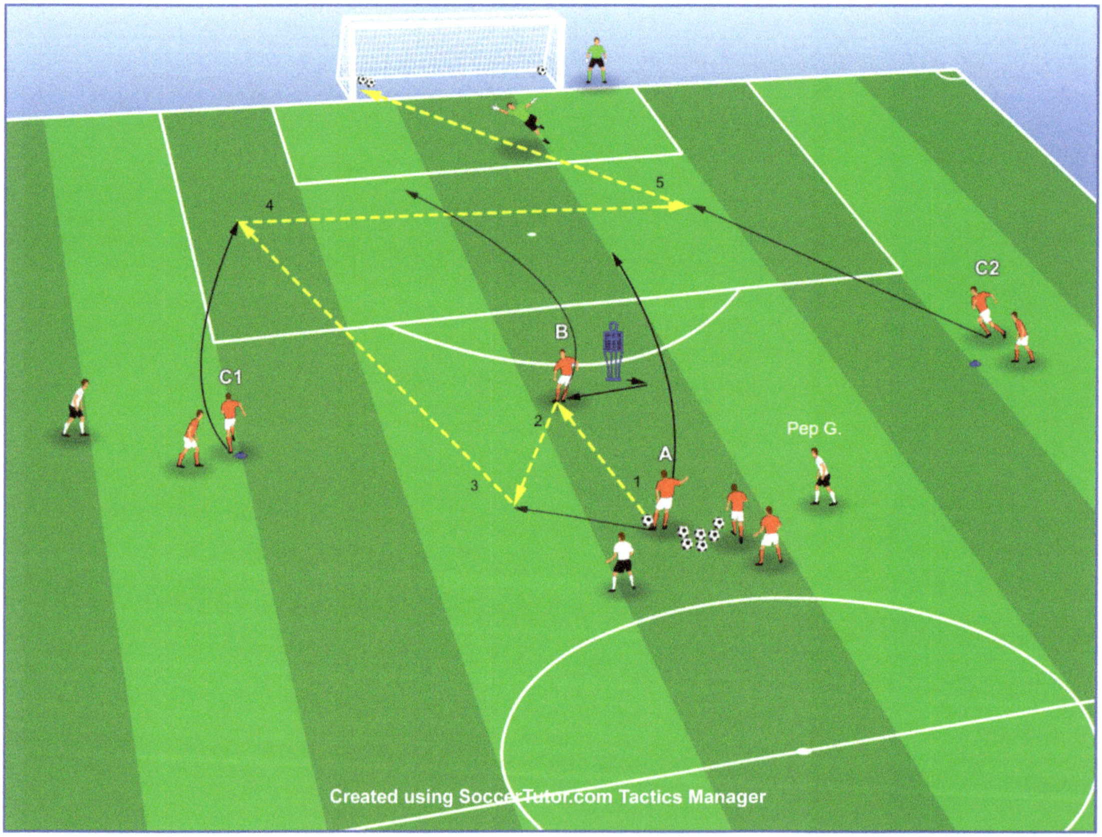

Descrizione

1. Il giocatore A trasmette palla verso B, che si allontana dalla sagoma, prima di muoversi per ricevere.

2. A si sposta lateralmente, per ricevere il passaggio di ritorno da B, completando una combinazione 1-2.

3. A riceve e trasmette in profondità, sulla corsa di C1, all'interno dell'area di rigore.

4. C1 riceve, dopo una tempestiva corsa in avanti e crossa basso per i compagni di squadra, che si inseriscono.

5. I giocatori A, B e C2 si portano in area di rigore per cercare di concludere, ricevendo il cross basso. C2 segna una rete, nell'esempio in figura.

6. La sequenza viene ripetuta dalla parte opposta: il successivo giocatore A completa una combinazione 1-2 con B e trasmette in profondità, permettendo a C2 di crossare.

Fonte: sessione di allenamento di Pep Guardiola al Bayern Monaco - Säbener Strasse Trainingsgelände, Monaco - 13 Novembre 2014

Esercitazioni di Pep Guardiola: combinazioni offensive e fase di conclusione

7. 1-2, trasmissione palla alta in diagonale, in profondità e movimento dell'attaccante per concludere, ricevendo un cross basso tagliato

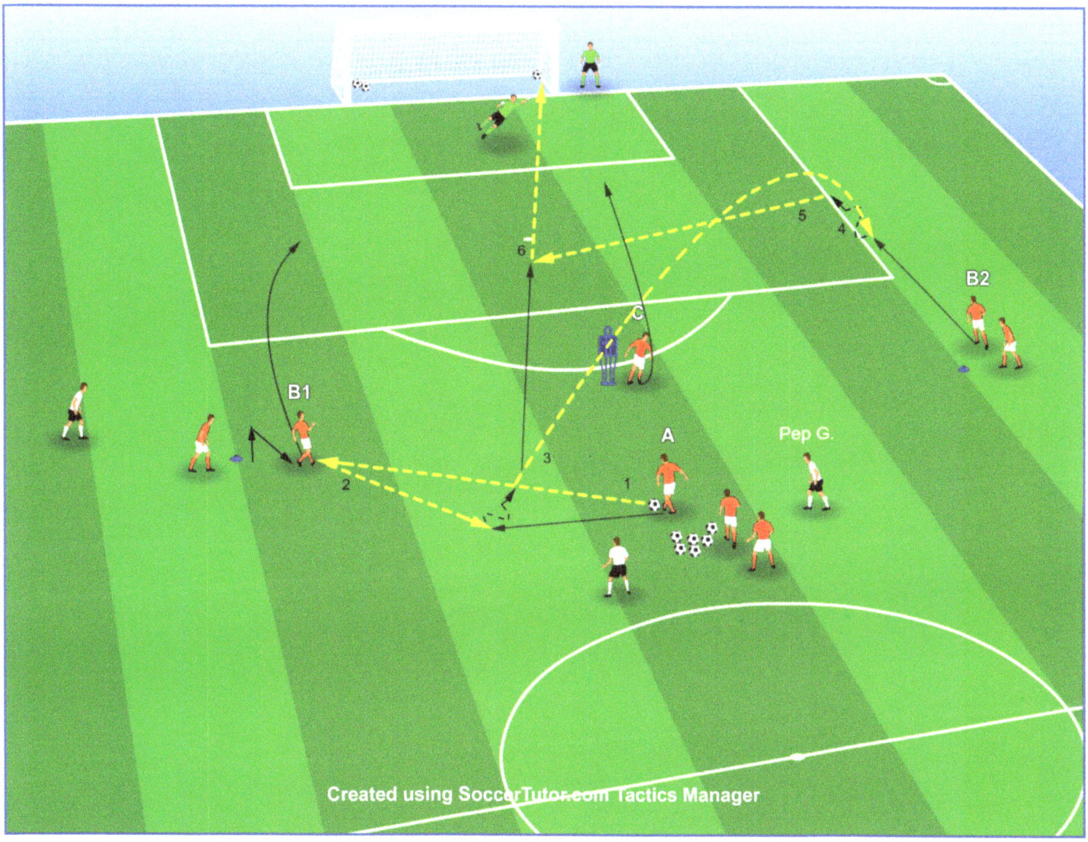

Descrizione

1. Il giocatore A trasmette palla verso B1, che si allontana dal cono, prima di muoversi per ricevere.

2. A si sposta lateralmente per ricevere il passaggio di ritorno (combinazione 1-2), in apertura, nel momento del primo tocco.

3. A gioca palla alta in profondità, sul movimento in avanti di B2.

4. B2 riceve, portandosi la palla avanti con un controllo orientato.

5. B2 può crossare per C, che si muove verso il primo palo, per A, punta il centro della porta, oppure per B1, attacca il secondo palo.

6. A, B1 o C cercano di concludere. A segna una rete, nell'esempio in figura.

7. La sequenza viene ripetuta dalla parte opposta: il giocatore successivo A combina 1-2 con B2 e trasmette palla, in profondità, per B1.

Fonte: sessione di allenamento di Pep Guardiola al Bayern Monaco - Säbener Strasse Trainingsgelände, Monaco - 13 Novembre 2014

Esercitazioni di Pep Guardiola: combinazioni offensive e fase di conclusione

8. 1-2, trasmissione palla in ampiezza, sovrapposizione interna, cross e conclusione

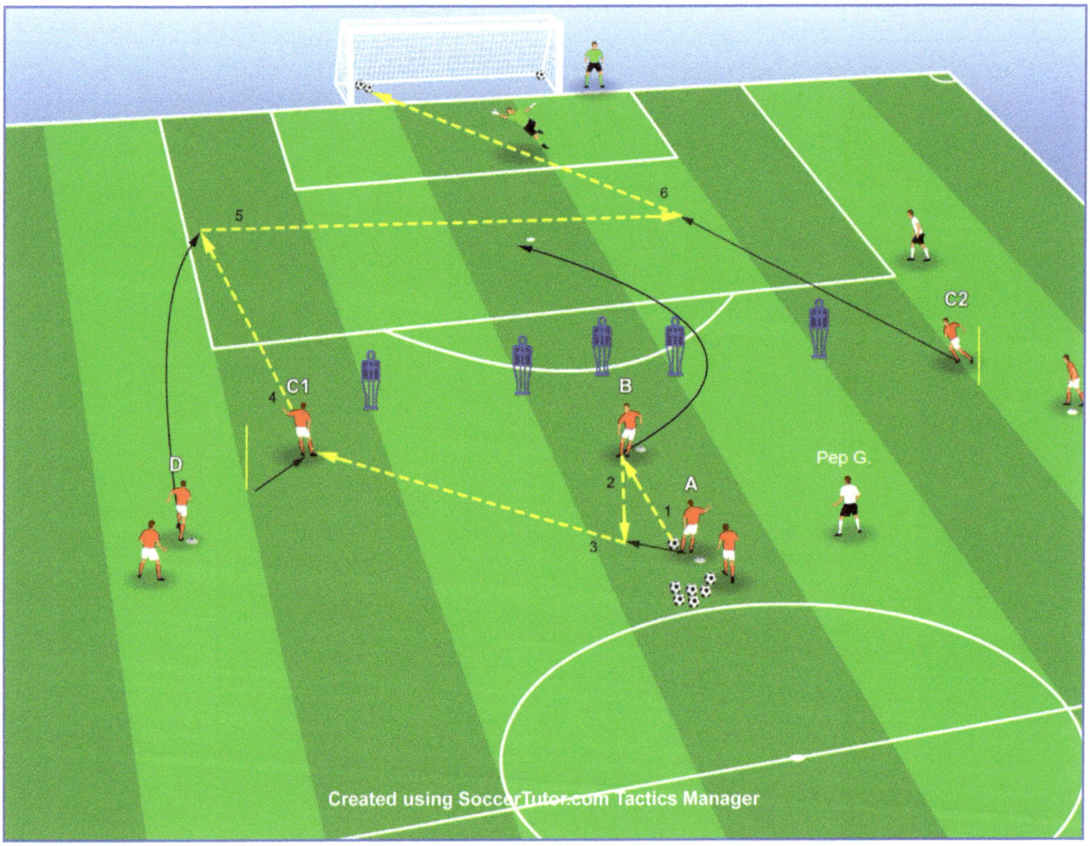

Descrizione

1. Il giocatore A trasmette palla verso B.
2. A si allontana dal cono per ricevere il passaggio di ritorno da B (combinazione 1-2).
3. A gioca in ampiezza verso C1, che riceve sulla corsa.
4. C1 trasmette a D, che si sovrappone per ricevere in profondità.
5. D crossa verso B o C2.
6. B o C2 cercano la conclusione. C2 segna una rete, nell'esempio in figura.
7. La sequenza viene ripetuta dalla parte opposta: il giocatore successivo A combina 1-2 con B e trasmette a C2.

A e B scambiano le posizioni dopo ogni sequenza. C1, C2 e D restano posizionati in ampiezza.

Fonte: sessione di allenamento di Pep Guardiola al Bayern Monaco - Doha, Qatar - 7 Gennaio 2014

Esercitazioni di Pep Guardiola: combinazioni offensive e fase di conclusione

9. Skip rapido, 1-2 e trasmissione palla alta in diagonale, in profondità, per un compagno che riceve e conclude

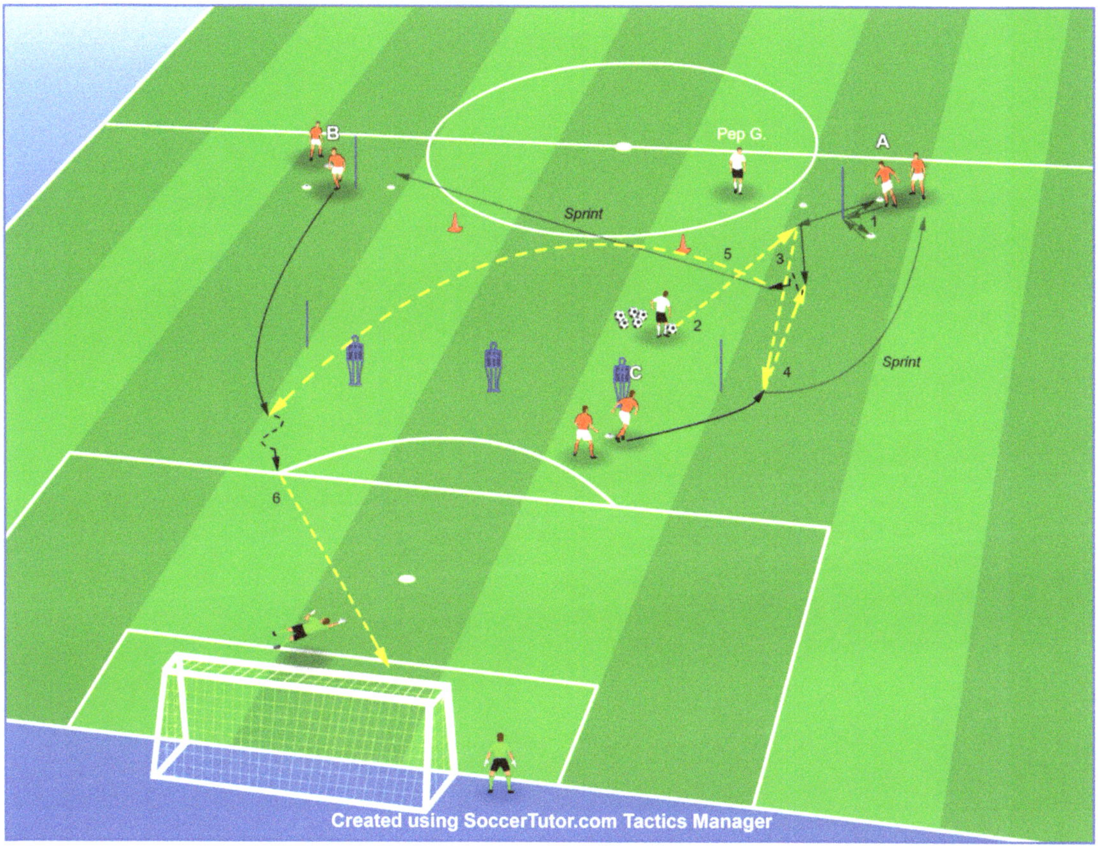

Descrizione

1. Il giocatore A effettua uno skip a due tocchi, avanti e indietro, sul palo, due volte; successivamente, si muove in avanti.

2. L'allenatore trasmette palla verso A.

3. A gioca in avanti verso C, che si muove incontro, come mostrato in figura.

4. C trasmette palla verso A.

5. A riceve in apertura e gioca palla alta, in profondità, sopra le sagome, sulla corsa in avanti di B.

6. I giocatori ruotano le posizioni (A -> B -> C -> A) e la sequenza continua.

La proposta può essere svolta su entrambi i lati.

Fonte: sessione di allenamento di Pep Guardiola al Bayern Monaco - Säbener Strasse Trainingsgelände, Monaco

Esercitazioni di Pep Guardiola: combinazioni offensive e fase di conclusione

10. Combinazione di gioco sul corto, trasmissione palla in ampiezza per crossare e tempi di inserimento in area di rigore

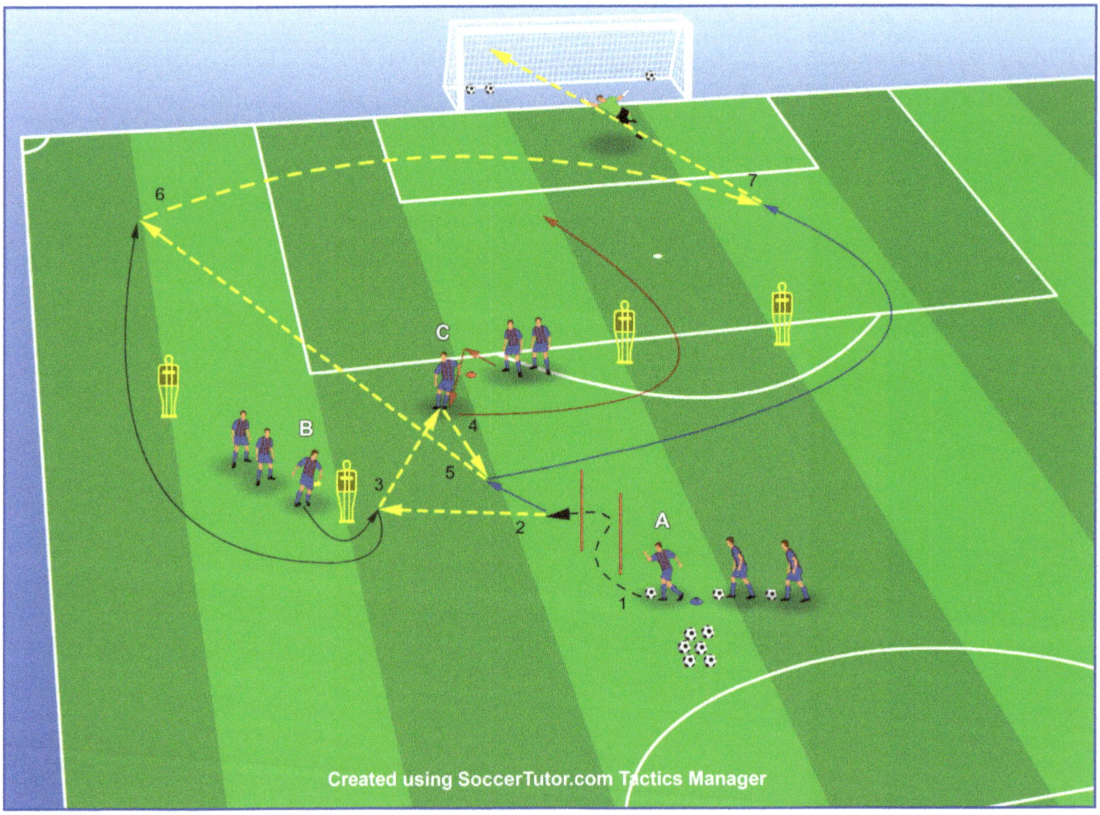

Descrizione

1. Il giocatore A conduce palla tra i paletti.
2. A trasmette verso B, che si muove incontro e, successivamente, in avanti, per ricevere davanti alla sagoma.
3. B gioca palla a C.
4. C scarica verso A.
5. A trasmette in ampiezza e in profondità, lungo la fascia, sulla corsa arcuata di B, che supera la sagoma di fianco.
6. B crossa in area di rigore.
7. A e C arcuano i propri movimenti, passando a lato delle sagome, per portarsi in area di rigore e cercare la conclusione, ricevendo il cross. A segna una rete, nell'esempio in figura.
8. Vengono concessi 3'-4' di recupero, ogni 4 sequenze completate, per poi ripetere la proposta, lungo il lato destro del campo.

Fonte: sessioni di allenamento di Pep Guardiola al Barcellona B (2007-08)

Esercitazioni di Pep Guardiola: combinazioni offensive e fase di conclusione

11. Combinazione con scarico, trasmissione palla in ampiezza per crossare e tempi di inserimento in area di rigore

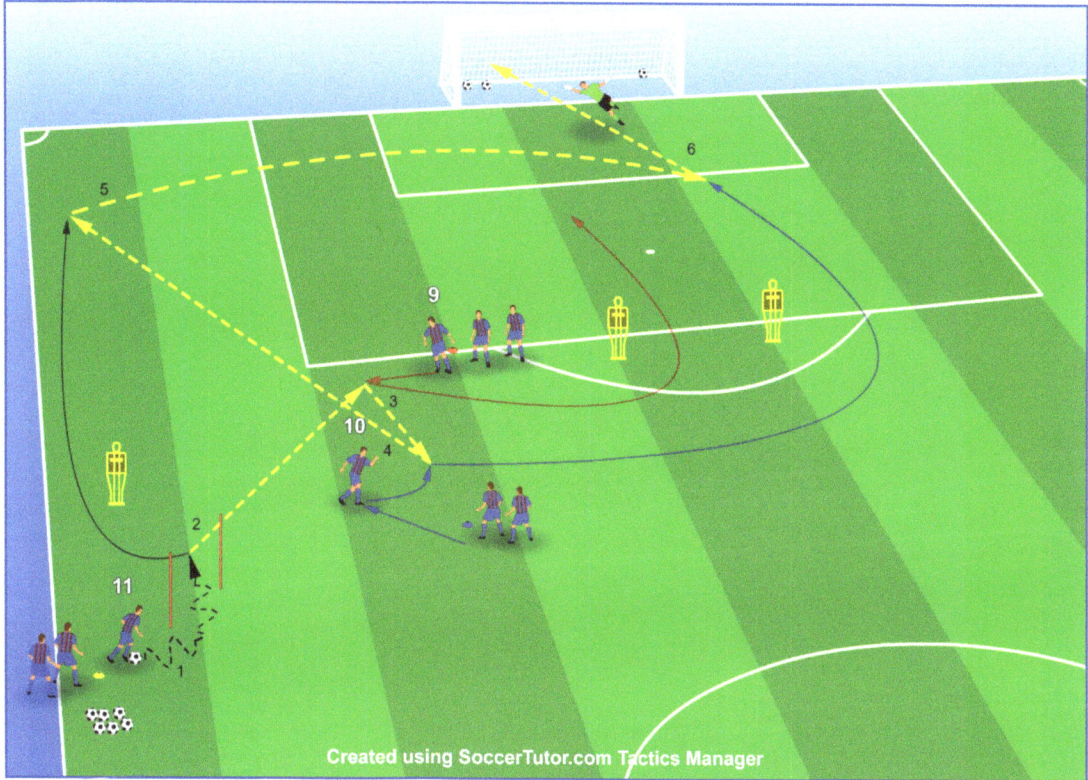

Descrizione

1. L'esterno alto sinistro (11) conduce palla tra i paletti.
2. Il Num.11 trasmette palla, in diagonale, verso l'attaccante (9).
3. Il Num.9 scarica verso il centrocampista offensivo (10), che prima si è portato in avanti, con un movimento in diagonale e, successivamente, si è mosso verso il centro per ricevere.
4. Il giocatore ora in possesso (10) trasmette in ampiezza e in profondità, sulla corsa dell'esterno alto (11), lungo la fascia, dopo che quest'ultimo ha aggirato la sagoma.
5. Il Num.11 crossa in area di rigore.
6. Entrambi i giocatori arcuano i loro movimenti attorno alle sagome per concludere: l'attaccante (9) verso il primo palo e il centrocampista offensivo (10) verso il secondo palo.
7. I giocatori ruotano le posizioni, come segue: (11 -> 9 -> 10 -> 11).
8. Vengono concessi 3'-4' di recupero, ogni 3 sequenze completate, per poi ripetere la proposta, lungo il lato destro del campo.

Fonte: sessioni di allenamento di Pep Guardiola al Barcellona B (2007-08)

Esercitazioni di Pep Guardiola: combinazioni offensive e fase di conclusione

12. Inserimenti in area di rigore, cross e conclusione

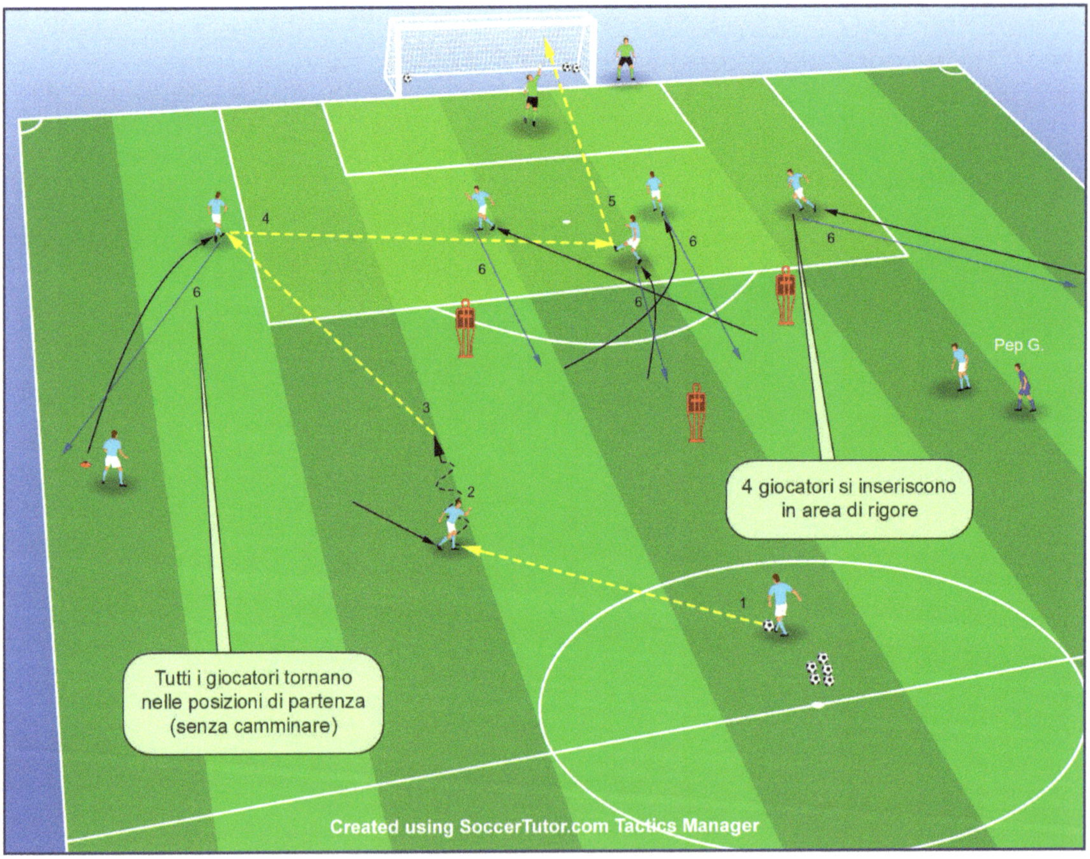

4 giocatori si inseriscono in area di rigore

Tutti i giocatori tornano nelle posizioni di partenza (senza camminare)

Descrizione

1. Il centrocampista difensivo inizia la sequenza, trasmettendo palla verso il centrocampista offensivo sinistro, che si è mosso incontro, per ricevere.

2. Il portatore di palla conduce avanti e l'esterno alto sinistro si muove, anch'egli, in avanti.

3. Il centrocampista offensivo gioca all'esterno alto sinistro, che si muove in profondità.

4. Il giocatore ora in possesso crossa in area di rigore.

5. I 3 giocatori offensivi, precedentemente in attesa sul limite dell'area di rigore, e l'esterno alto destro, si inseriscono per cercare la conclusione.

6. Tutti i giocatori tornano verso le posizioni di partenza (senza camminare); la sequenza viene ripetuta crossando dalla fascia destra.

Fonte: sessione di allenamento di Pep Guardiola al Man City - Etihad Campus Training Ground, Manchester

Esercitazioni di Pep Guardiola: combinazioni offensive e fase di conclusione

13. Combinazione di gioco sul corto, lungo la fascia laterale, cross e conclusione

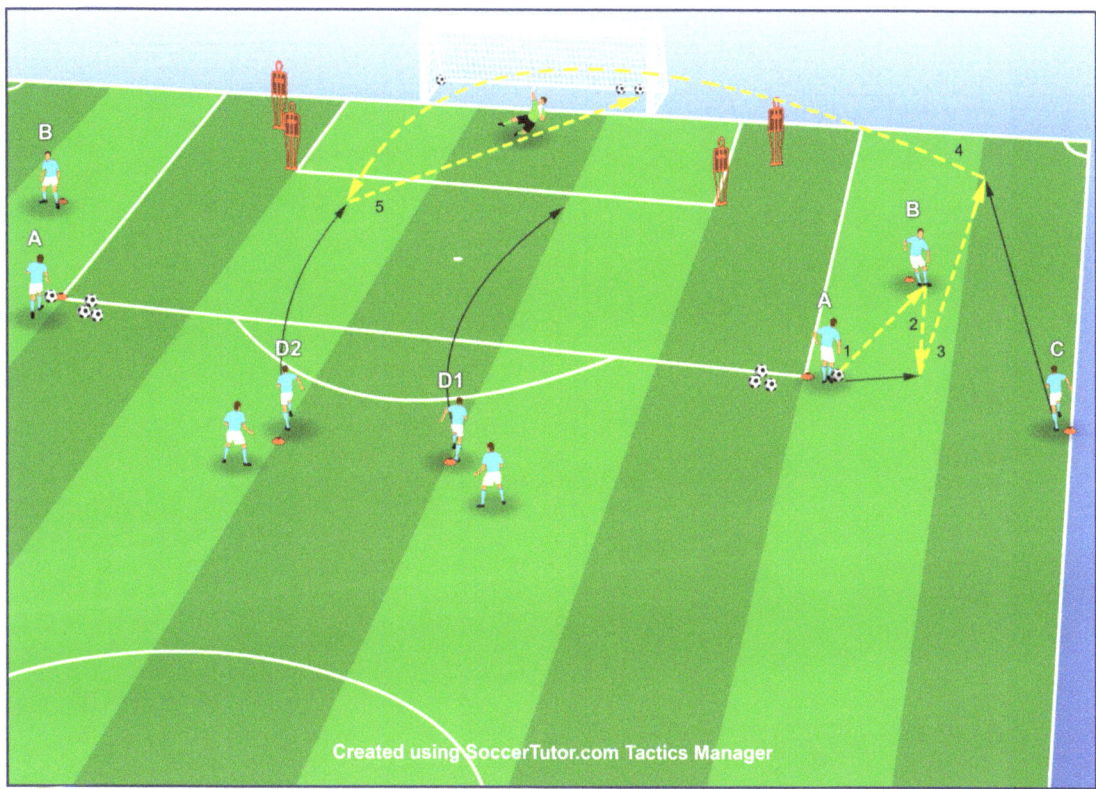

Questa esercitazione viene eseguita su entrambi i lati, alternativamente.

Descrizione

1. Il giocatore A trasmette palla verso B.

2. B scarica ad A (combinazione 1-2), che si muove lateralmente.

3. A gioca palla sulla corsa, in avanti, di C.

4. C crossa in area di rigore, superando le 2 sagome; è possibile sia crossare alto, sia basso, con una palla tagliata indietro.

5. D1 e D2 calibrano i loro movimenti in area di rigore per concludere, ricevendo il cross.

6. Se il portiere para il primo tentativo di conclusione, i giocatori devono essere pronti a conquistare la seconda palla offensiva.

7. A e B ruotano le posizioni. La sequenza viene poi ripetuta lungo il lato sinistro.

Fonte: sessione di allenamento di Pep Guardiola al Man City - Etihad Campus Training Ground, Manchester - 22 Settembre 2017

Esercitazioni di Pep Guardiola: combinazioni offensive e fase di conclusione

14. Esercitazione 5 c 2 per combinazione di gioco sul corto, al centro, trasmissione palla in ampiezza, 1-2, cross basso tagliato e conclusione

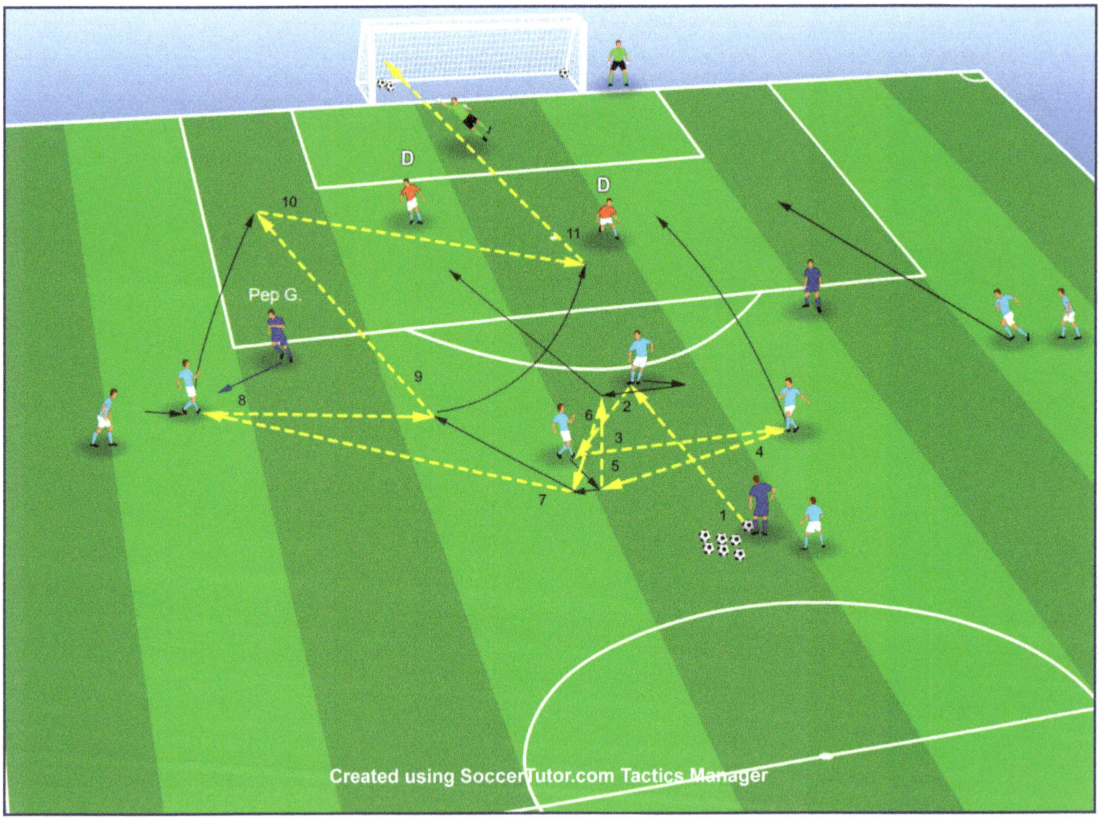

Descrizione

- 3 giocatori blu sono posizionati centralmente, al di fuori dell'area di rigore, così come 1 giocatore in ampiezza, su ogni lato. 2 difensori rossi sono, invece, posizionati all'interno dell'area di rigore.

- L'esercitazione inizia con il passaggio dell'allenatore e con combinazioni di gioco tra i 3 giocatori blu, che attendono il momento giusto per trasmettere palla in ampiezza.

- Dopo la giocata sulla fascia (sinistra o destra), 1 compagno si muove a supporto dell'esterno in possesso e gli altri 2 si inseriscono in area di rigore, così come l'esterno opposto.

- Il portatore di palla in ampiezza viene messo sotto pressione dall'allenatore (Pep Guardiola); quindi combina 1-2 con il compagno a supporto e riceve il passaggio di ritorno in area di rigore.

- A questo punto, il giocatore in ampiezza deve crossare alto, o basso tagliato, con i giusti tempi, affinché un compagno di squadra possa concludere, smarcandosi dai 2 difensori rossi.

- I giocatori, infine, tornano alle posizioni di partenza e la sequenza ricomincia.

Fonte: sessione di allenamento di Pep Guardiola al Man City - Etihad Campus Training Ground, Manchester - 22 Novembre 2017

Duelli 3 c 2 per combinazioni di gioco offensive

Da una sessione di allenamento di Pep Guardiola al Bayern Monaco

Esercitazioni di Pep Guardiola: duelli 3 c 2 per combinazioni di gioco offensive

1. Rapidi duelli 3 c 2 (+portiere)

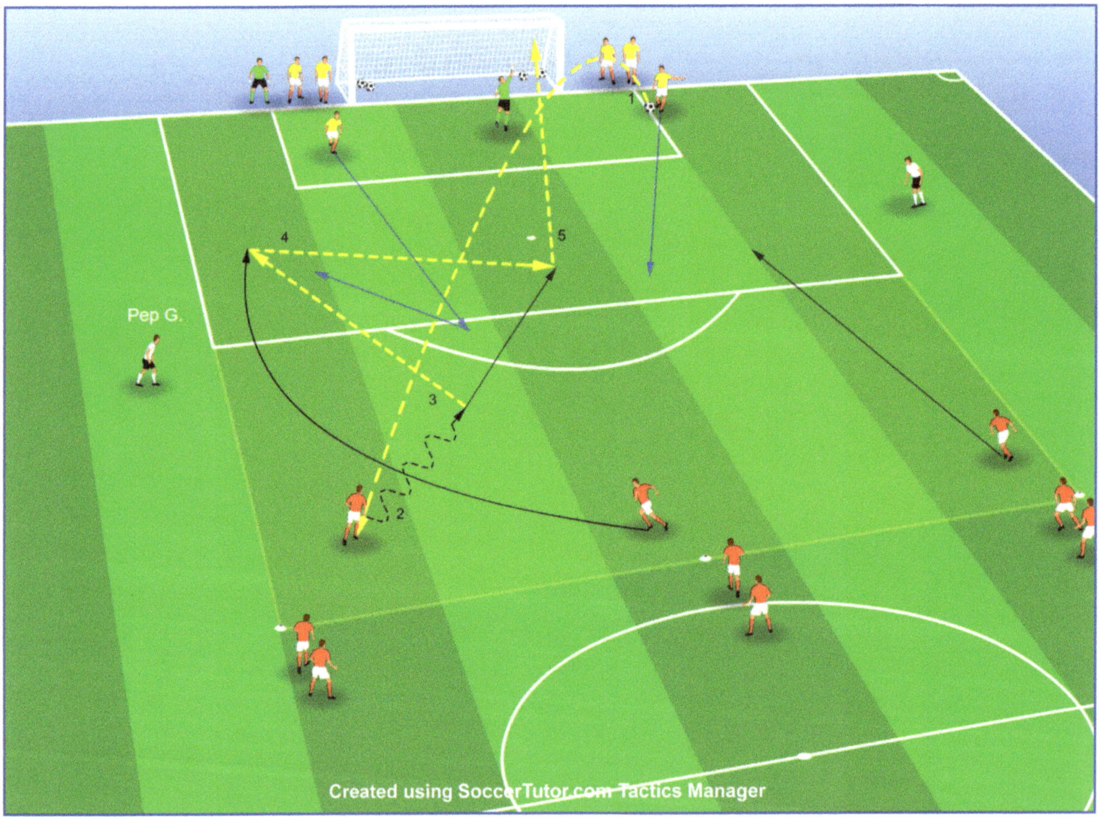

Descrizione

- I 3 giocatori rossi iniziano l'esercitazione sui coni bianchi, mentre i 2 giocatori gialli sono posizionati in corrispondenza dei pali della porta.
- Uno tra i giocatori in maglia gialla trasmette palla alta, verso uno degli avversari in maglia rossa.
- Il ricevente conduce palla in avanti, iniziando la fase offensiva.
- Gli obiettivi dei 3 giocatori rossi sono attaccare e concludere il più rapidamente possibile.
- Il giocatore che riceve deve condurre verso il centro, invitando la pressione dei 2 difensori; gli altri 2 attaccanti si muovono per ricevere palla, in ampiezza, su entrambi i lati.
- Quando un giocatore in ampiezza riceve palla alta, il centrale si sovrappone.
- Il primo obiettivo è trasmettere, con i giusti tempi, verso un compagno di squadra, che deve farsi trovare in posizione utile per concludere.

Fonte: sessione di allenamento di Pep Guardiola al Bayern Monaco - Doha, Qatar - 7 Gennaio 2014

Esercitazioni di Pep Guardiola: duelli 3 c 2 per combinazioni di gioco offensive

2. Rapidi duelli 3 c 2 (+portiere), con 1 difensore che parte da posizione laterale

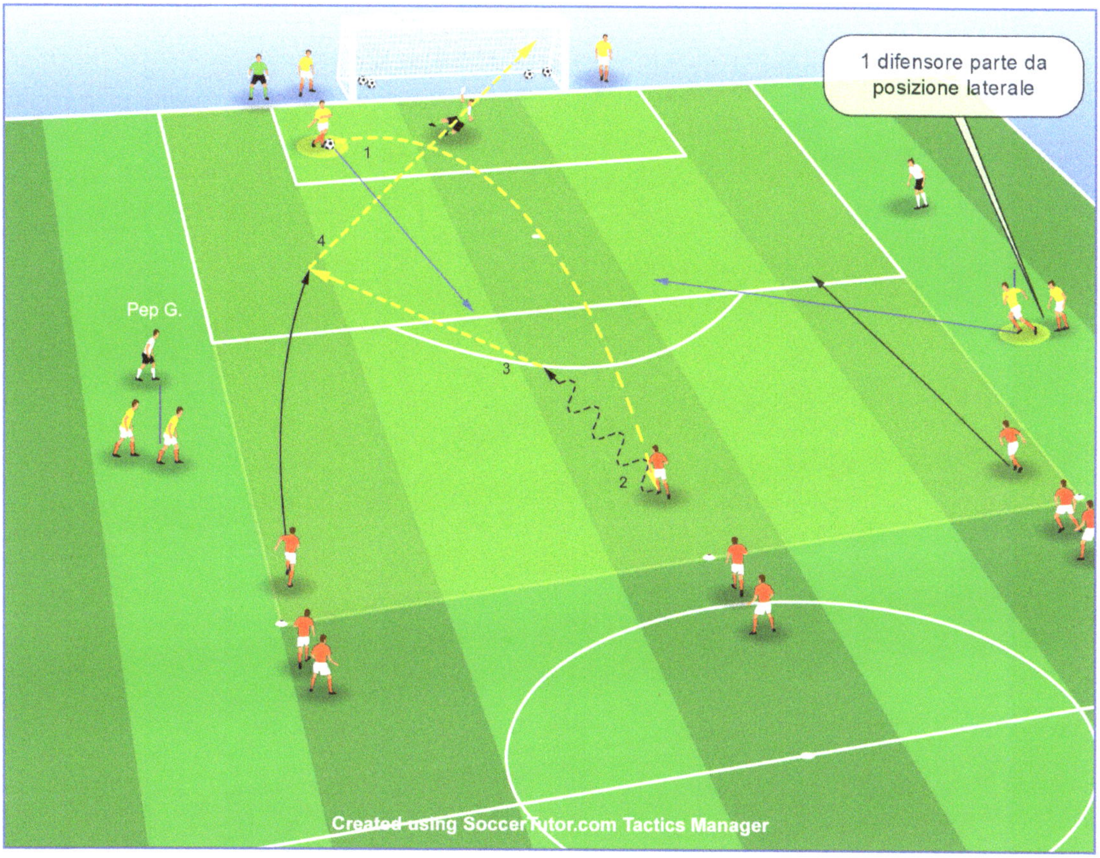

Descrizione

- Questa proposta è una variante della precedente.
- 1 difensore parte da posizione laterale e non più dal palo della porta.
- I giocatori rossi devono prestare attenzione alla situazione di gioco e cercare di sfruttare lo spazio, lungo il lato opposto, rispetto al secondo difensore, come mostrato nell'esempio in figura.

Fonte: sessione di allenamento di Pep Guardiola al Bayern Monaco - Doha, Qatar - 7 Gennaio 2014

Combinazioni di gioco offensive a circuito

Da una sessione di allenamento di Pep Guardiola al Bayern Monaco

Esercitazioni di Pep Guardiola: combinazioni di gioco offensive a circuito

1. Combinazione di gioco a circuito, con trasmissione palla, alle spalle della linea difensiva e conclusione, abbinata ad esercizi di rapidità

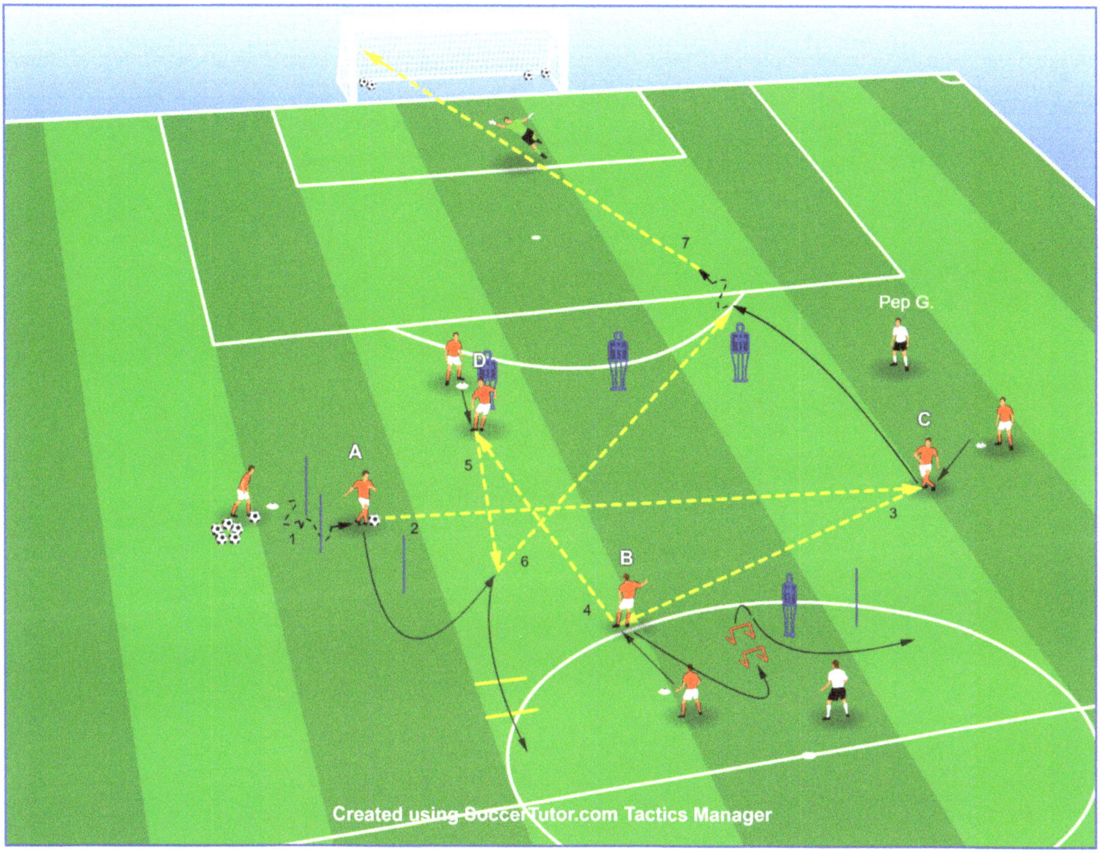

Descrizione

1. Il giocatore A conduce palla attraverso i paletti.
2. A trasmette centralmente verso C e aggira il paletto di fronte.
3. C si allontana dal cono e trasmette verso B.
4. Anche B si allontana dal cono e gioca in avanti verso D; successivamente, B salta i 2 ostacoli ed aggira la sagoma e il paletto.
5. D scarica palla verso A.
6. A gioca in profondità, tra le sagome, sulla corsa di C; successivamente A effettua skip sugli over.
7. C controlla e conclude (2 tocchi).
8. I giocatori ruotano le posizioni come segue: A -> B -> C -> D -> A.

Fonte: sessione di allenamento di Pep Guardiola al Bayern Monaco - Säbener Strasse Trainingsgelände, Monaco - 7 Gennaio 2016

Esercitazioni di Pep Guardiola: combinazioni di gioco offensive a circuito

2. Combinazione di gioco a circuito, con trasmissione palla alta, in diagonale, alle spalle della linea difensiva e conclusione, abbinata ad esercizi di rapidità

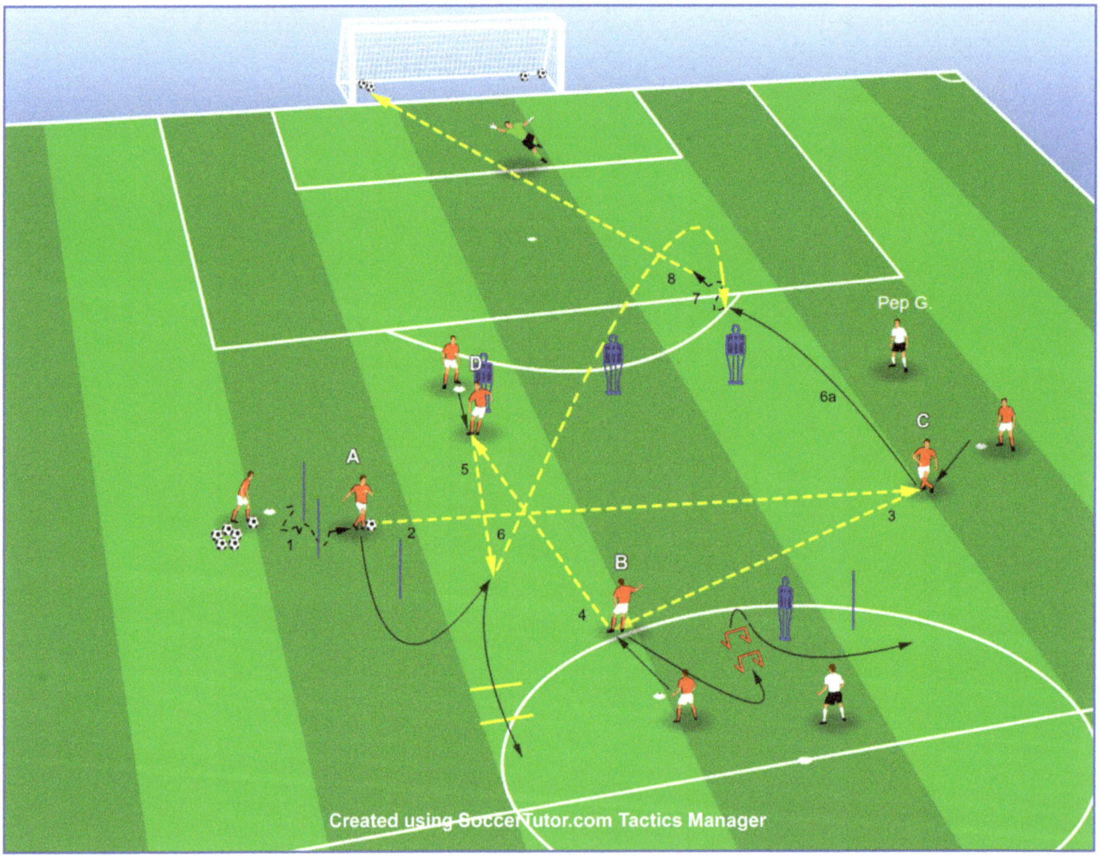

Descrizione

- Questa esercitazione è una variante della precedente, in cui solo un piccolo particolare cambia.

- A, in questo caso, gioca palla alta, alle spalle della linea difensiva, sulla corsa di C, che controlla e conclude (2 tocchi).

Fonte: sessione di allenamento di Pep Guardiola al Bayern Monaco - Säbener Strasse Trainingsgelände, Monaco - 7 Gennaio 2016

Esercitazioni di Pep Guardiola: **combinazioni di gioco offensive a circuito**

3. Combinazione di gioco a circuito, con conduzione di palla alle spalle della linea difensiva e conclusione, abbinata ad esercizi di rapidità

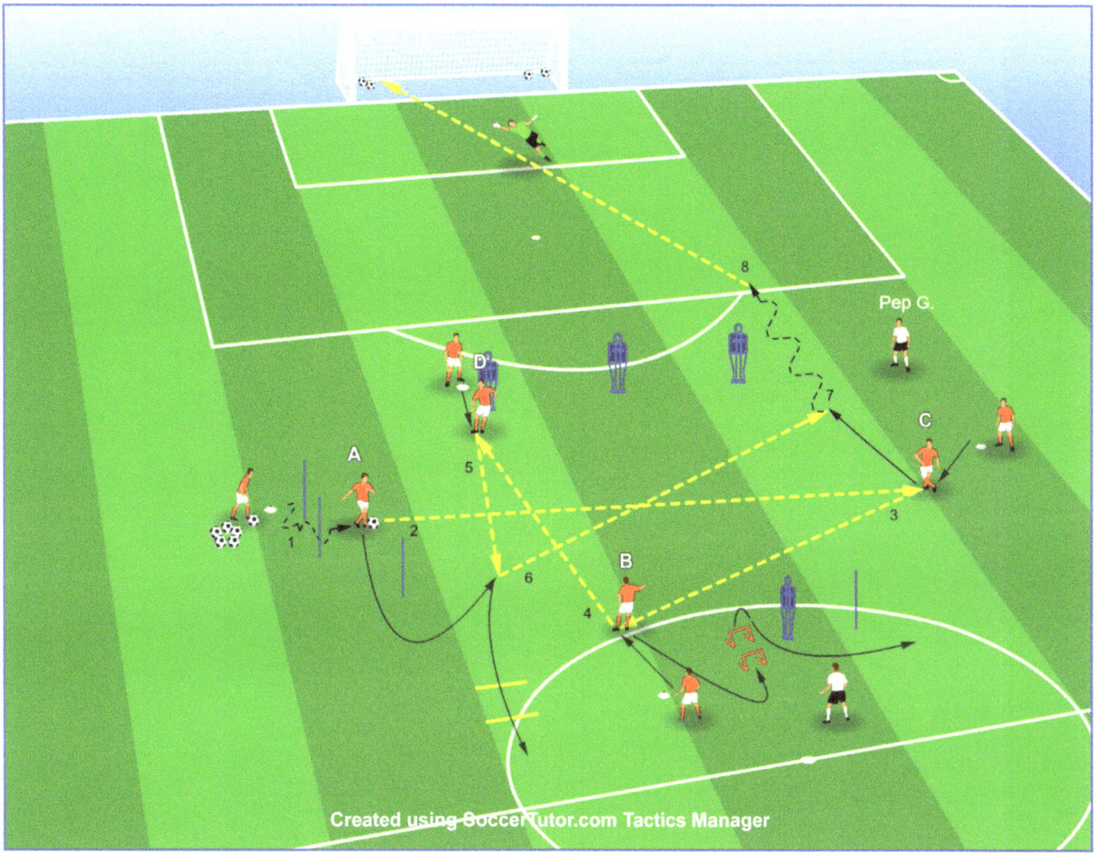

Descrizione

- Questa esercitazione è un'ulteriore variante delle precedenti, in cui solo un piccolo particolare cambia.

- A non trasmette palla in profondità, ma centralmente, verso C, che si trova posizionato di fronte alle sagome.

- C riceve, conduce palla al di là delle sagome e conclude in porta, cercando di segnare una rete.

Fonte: sessione di allenamento di Pep Guardiola al Bayern Monaco - Säbener Strasse Trainingsgelände, Monaco - 7 Gennaio 2016

Esercitazioni di Pep Guardiola: combinazioni di gioco offensive a circuito

4. Trasmissioni palla a circuito, abbinate ad esercizi di rapidità, conduzione e conclusione

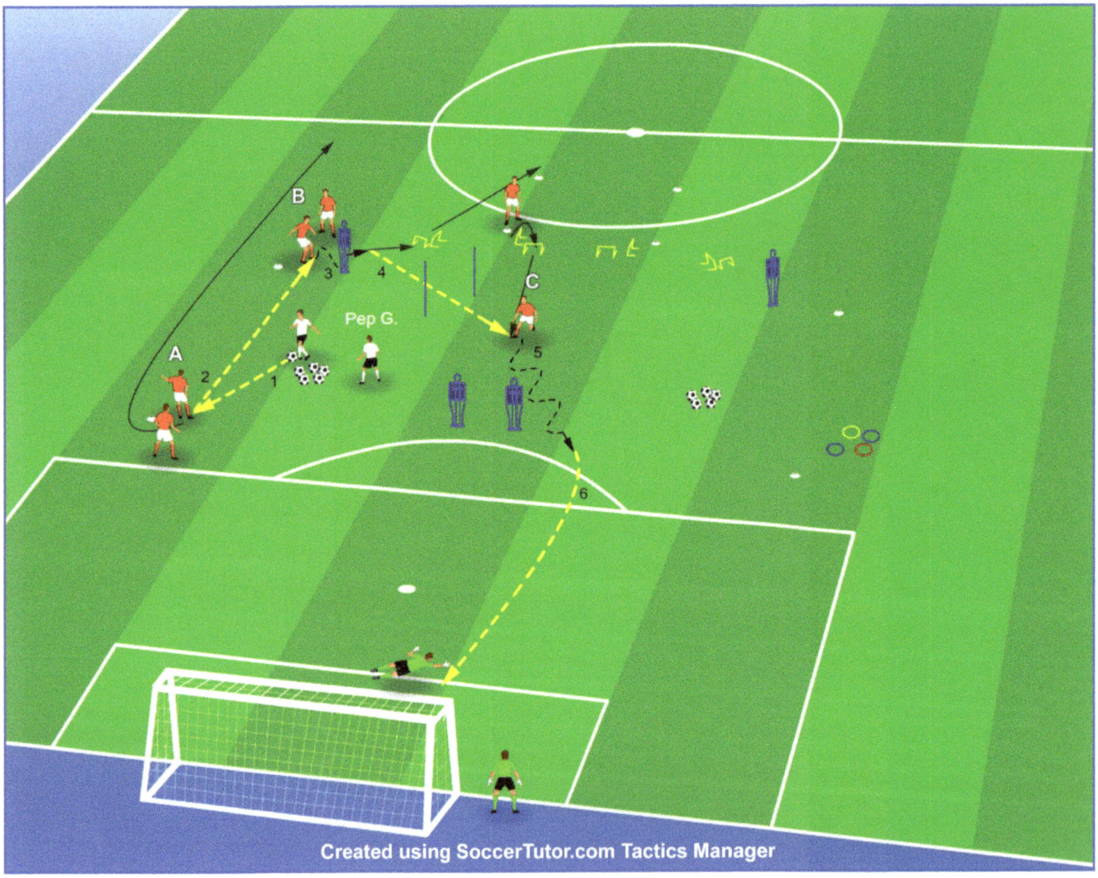

Descrizione

1. L'allenatore trasmette palla verso il giocatore A.
2. A scarica verso B.
3. B riceve in apertura e muove palla oltre la sagoma.
4. B gioca tra i paletti verso C, che ha saltato 2 ostacoli, prima di portarsi in avanti per ricevere.
5. C conduce palla, dribblando la sagoma (simulazione di un duello 1 c 1).
6. C conclude in porta
7. I giocatori ruotano le posizioni come segue: A -> B -> C -> A.

Fonte: sessione di allenamento di Pep Guardiola al Bayern Monaco - Säbener Strasse Trainingsgelände, Monaco

Combinazioni di gioco offensive nelle proposte atletiche di resistenza e rapidità

Dalle sessioni di allenamento di Pep Guardiola al Barcellona FC

Esercitazioni di Pep Guardiola: combinazioni di gioco offensive nelle proposte atletiche

1. Circuito di attivazione con trasmissione palla, conduzione e conclusione

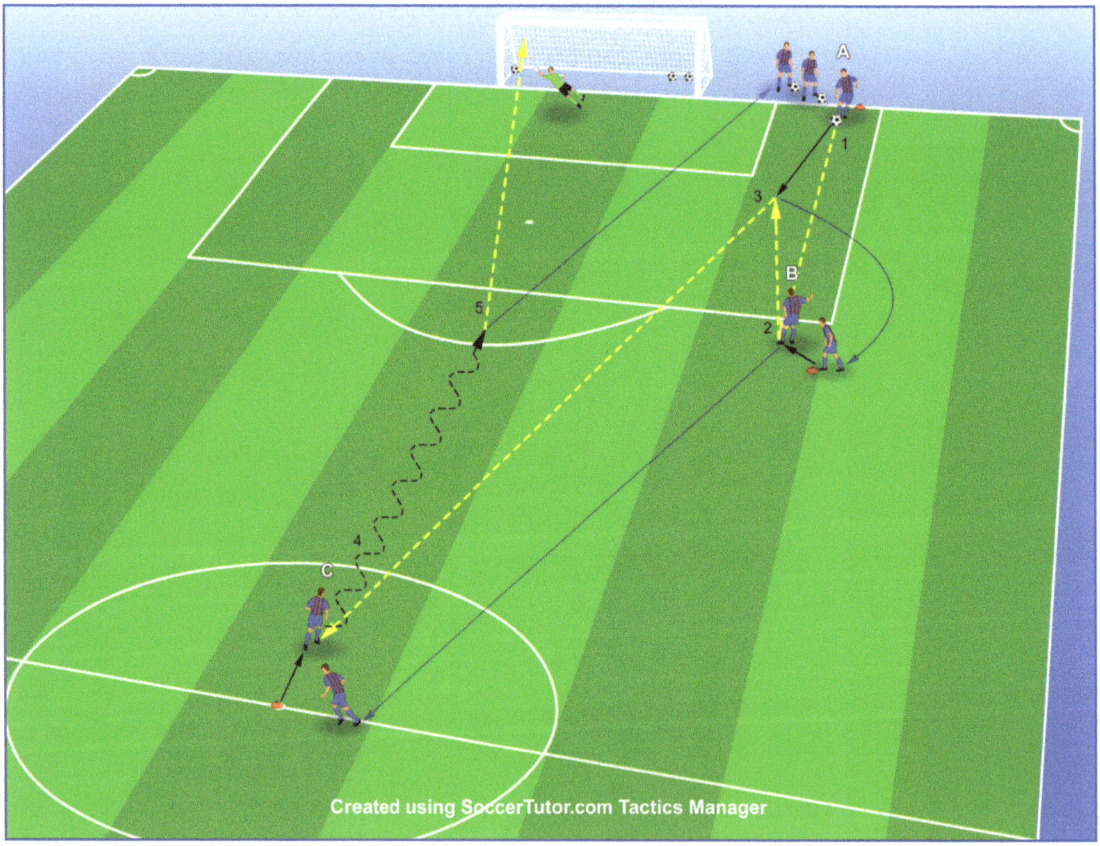

I giocatori lavorano 3' con proposte di pre-attivazione e 3' di stretching prima di ripetere 3 volte questo circuito.

Descrizione

1. Il giocatore A trasmette palla verso B.

2. A si muove in avanti per ricevere il passaggio di ritorno da B (combinazione 1-2).

3. A gioca palla lunga verso C.

4. C si allontana dal cono per ricevere e conduce palla in avanti, verso la porta.

5. C conclude da fuori area di rigore.

6. I giocatori ruotano le posizioni come segue: A -> B -> C -> A. La sequenza, poi, continua.

Fonte: sessioni di allenamento di Pep Guardiola al Barcellona B (2007-08)

Esercitazioni di Pep Guardiola: combinazioni di gioco offensive nelle proposte atletiche

2. Circuito di attivazione con combinazione di gioco, doppia sequenza 1-2 e conclusione

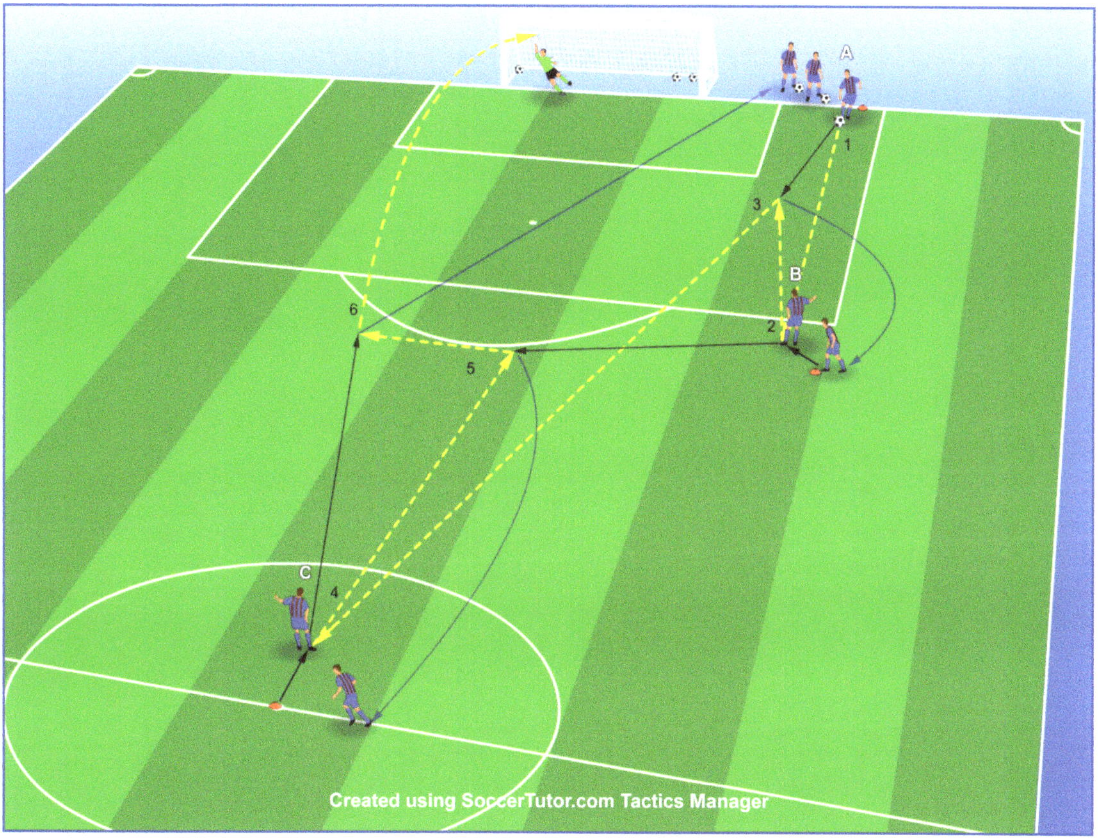

Le 3 ripetizioni di questo circuito sono il proseguimento della fase di attivazione, iniziata con la proposta mostrata nella pagina precedente.

Descrizione

1. Il giocatore A trasmette palla a B.
2. A si muove in avanti per ricevere il passaggio di ritorno da B (combinazione 1-2).
3. A gioca palla lunga verso C.
4. C si allontana dal cono per ricevere e trasmette al centro, verso B, che si è portato verso il centro.
5. B riceve e trasmette palla sulla corsa di C.
6. C conclude in porta da fuori area di rigore.
7. I giocatori ruotano le posizioni come segue: A -> B -> C -> A. La sequenza, successivamente, continua.

Fonte: sessioni di allenamento di Pep Guardiola al Barcellona B (2007-08)

Esercitazioni di Pep Guardiola: combinazioni di gioco offensive nelle proposte atletiche

3. Esercitazione per la rapidità, con doppia combinazione 1-2, cross e conclusione

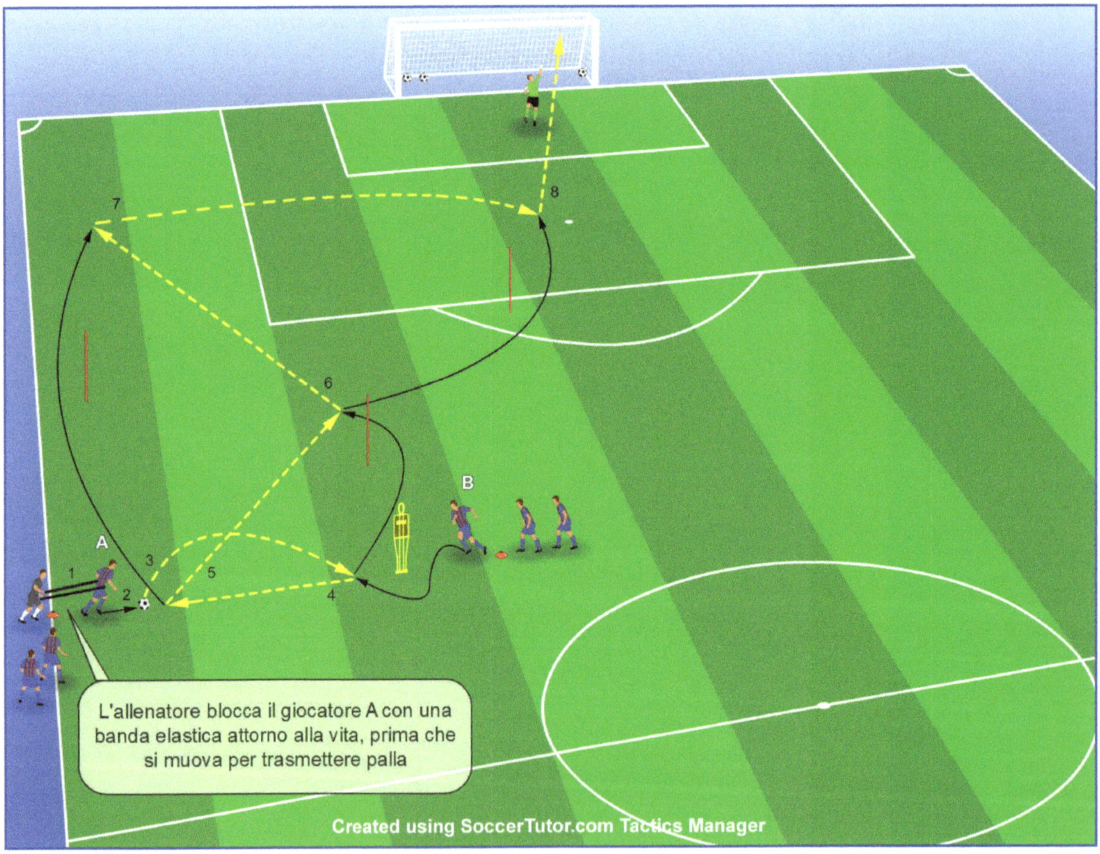

I giocatori ripetono la sequenza 3 volte su ogni lato, con 3'-4' di recupero tra le serie.

Descrizione

1. L'allenatore trattiene il giocatore A, utilizzando una fascia elastica di resistenza attorno alla vita.
2. A si muove per raggiungere la palla.
3. A gioca un pallonetto verso B.
4. B si muove incontro, aggirando la sagoma, per ricevere davanti ad essa, e trasmette un passaggio di ritorno verso A (combinazione 1-2).
5. A gioca di nuovo verso B, che aggira il paletto, prima di ricevere.
6. B trasmette palla in ampiezza e profondità, lungo la fascia, in direzione della corsa arcuata di A, che aggira il paletto.
7. A crossa in area di rigore.
8. B arcua il proprio movimento, aggirando il paletto, verso l'area di rigore e conclude, ricevendo il cross.

Fonte: sessioni di allenamento di Pep Guardiola al Barcellona B (2007-08)

Esercitazioni di Pep Guardiola: combinazioni di gioco offensive nelle proposte atletiche

4. Esercitazione atletica per resistenza e rapidità, con combinazione 1-2 in ampiezza, cross e conclusione

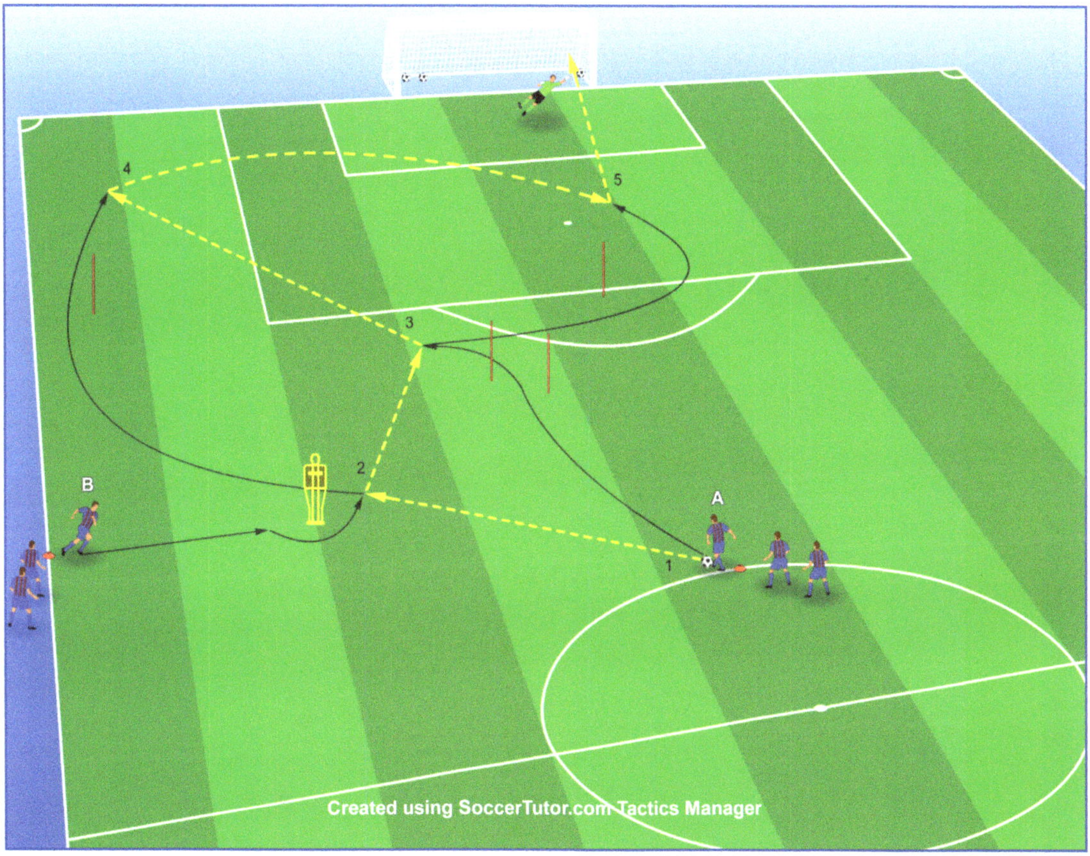

I giocatori svolgono una prima serie da 12' ed una seconda da 10', con 2' di recupero tra le serie. L'obiettivo è raggiungere una frequenza cardiaca di 100 bpm.

Descrizione

1. Il giocatore A trasmette palla verso B, che si muove centralmente, al di qua della sagoma, ed intorno ad essa, per ricevere.

2. B gioca in avanti, con i tempi giusti, alla sinistra dei paletti, per permettere la ricezione di A, che ha li ha appena attraversati.

3. A trasmette palla in ampiezza e profondità, lungo la fascia, sulla corsa di B, che ha arcuato il proprio movimento, aggirando il paletto.

4. B crossa in area di rigore.

5. A arcua la propria corsa, aggirando il paletto, verso l'area di rigore per concludere.

Fonte: sessioni di allenamento di Pep Guardiola al Barcellona B (2007-08)

Esercitazioni di Pep Guardiola: combinazioni di gioco offensive nelle proposte atletiche

5. Esercitazione di resistenza alla velocità, con ricezione palla in profondità sulla fascia, cross ed allenamento dei tempi di inserimento in area di rigore

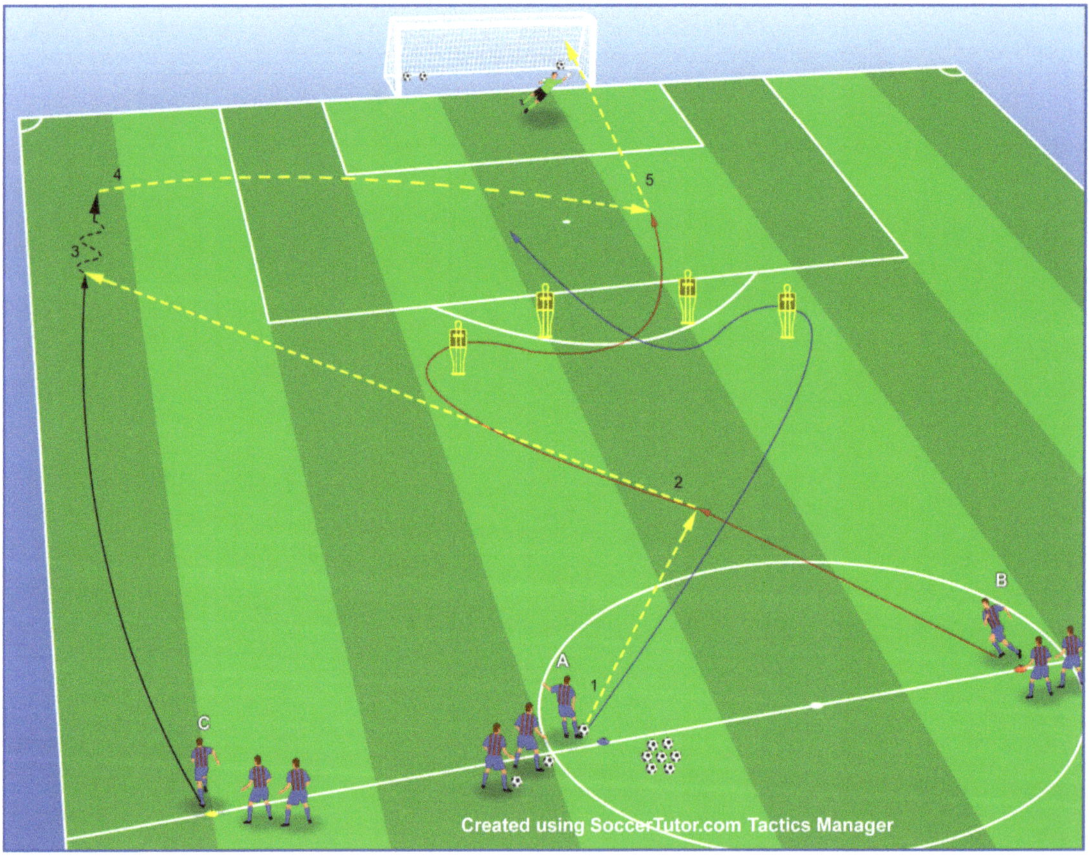

I giocatori svolgono 3 ripetizioni su ogni lato del campo.

Descrizione

1. Il giocatore A trasmette palla centralmente, sulla corsa di B.
2. B gioca in profondità lungo la fascia, sulla corsa in avanti di C.
3. C riceve e conduce palla in avanti.
4. C crossa per i 2 compagni (A e B), che si inseriscono.
5. A e B hanno precedentemente aggirato le sagome, per poi calibrare i propri inserimenti in area di rigore e concludere.
6. I giocatori ruotano le posizioni come segue: A -> B -> C -> A. La sequenza, successivamente, continua.
7. Dopo 3 ripetizioni, la sequenza riprende con C posizionato sulla parte destra del campo.

Fonte: sessioni di allenamento di Pep Guardiola al Barcellona B (2007-08)

Esercitazioni di Pep Guardiola: combinazioni di gioco offensive nelle proposte atletiche

6. Rapida combinazione di gioco, con scarico palla, sovrapposizione, cross e conclusione

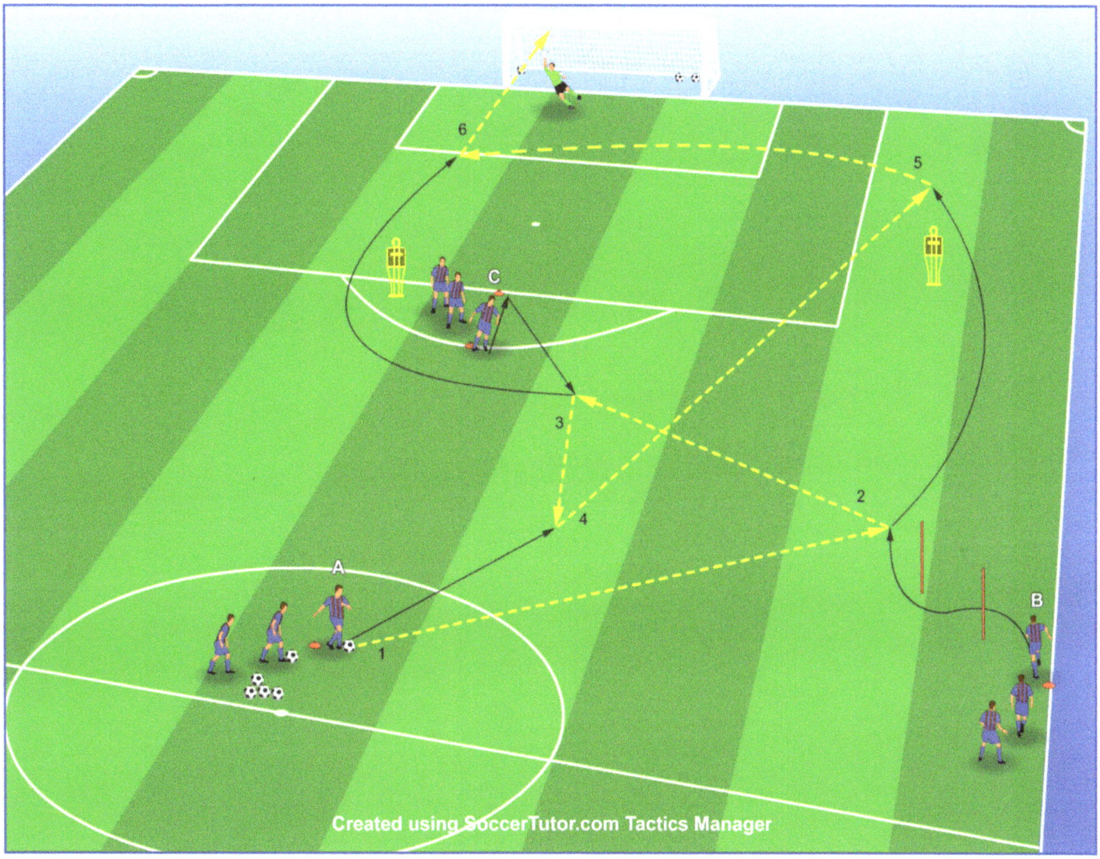

I giocatori svolgono 3 ripetizioni su ogni lato, con 5' di recupero tra le serie.

Descrizione

1. Il giocatore A trasmette palla a B.
2. B ha compiuto uno slalom fra i paletti per ricevere e, successivamente, trasmette a C.
3. C ha effettuato un contro-movimento prima di ricevere e scaricare palla verso A.
4. A gioca in ampiezza e profondità lungo la fascia, sulla corsa arcuata, in avanti, ed attorno alla sagoma, di B.
5. B crossa sul movimento di C, che ha arcuato la propria corsa, aggirando la sagoma, inserendosi in area di rigore.
6. C conclude, cercando di segnare una rete.
7. I giocatori ruotano le posizioni come segue: A -> B -> C -> A. La sequenza, successivamente, continua.

Fonte: sessioni di allenamento di Pep Guardiola al Barcellona B (2007-08)

Esercitazioni di Pep Guardiola: combinazioni di gioco offensive nelle proposte atletiche

7. Esercitazione per resistenza e rapidità, con azioni combinate, cross e conclusione

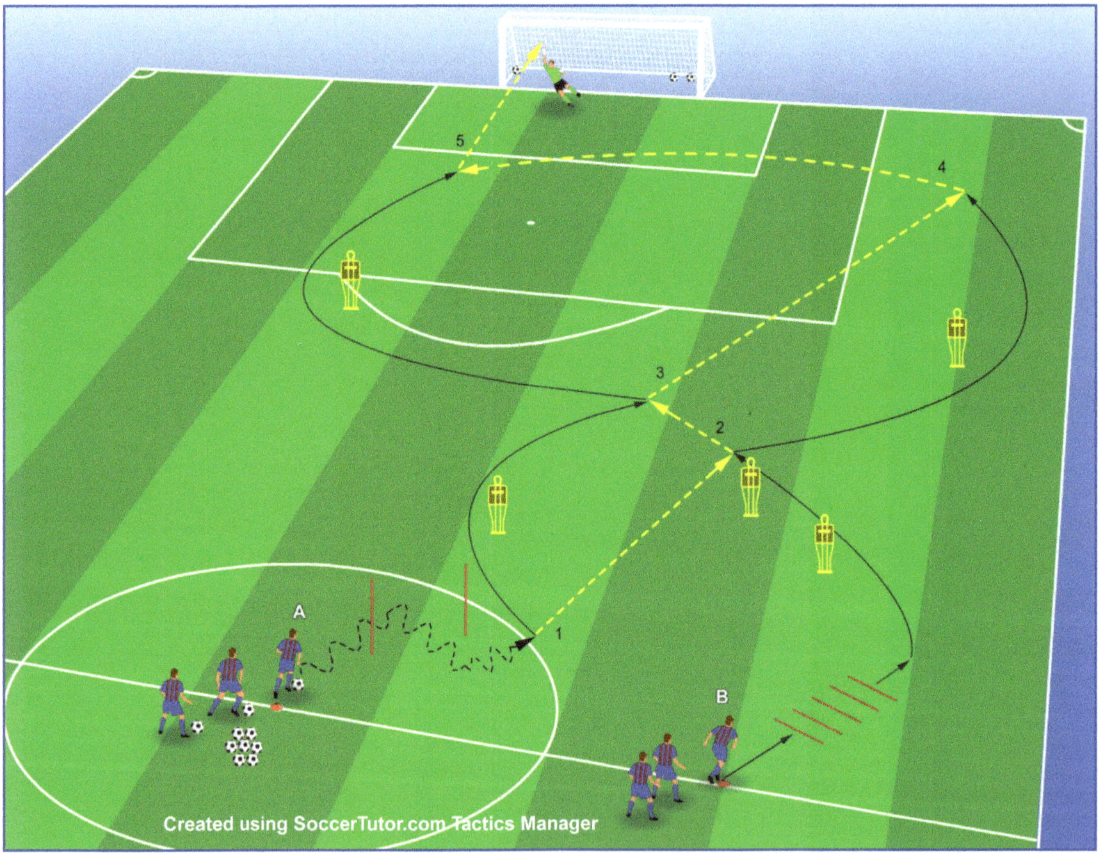

I giocatori svolgono una prima serie da 3 ripetizioni ed una seconda da 4 ripetizioni, con 4' di recupero tra le serie.

Descrizione

1. Il giocatore A conduce palla tra i paletti e trasmette oltre le sagome, sulla propria destra. B riceve in movimento, dopo un lavoro di skip sugli over ed aver aggirato le 2 sagome.

2. B gioca corto verso A, che riceve dopo aver arcuato il proprio movimento.

3. A gioca in ampiezza verso B, che aggira una sagoma, prima di ricevere in profondità.

4. B crossa in area di rigore, sulla corsa di A, che si inserisce, dopo aver aggirato una sagoma.

5. A conclude e cerca di segnare una rete.

Fonte: sessioni di allenamento di Pep Guardiola al Barcellona B (2007-08)

Esercitazioni di Pep Guardiola: combinazioni di gioco offensive nelle proposte atletiche

8. Esercitazione di resistenza alla velocità, con combinazioni 1-2, sovrapposizioni per crossare ed allenamento dei tempi di inserimento

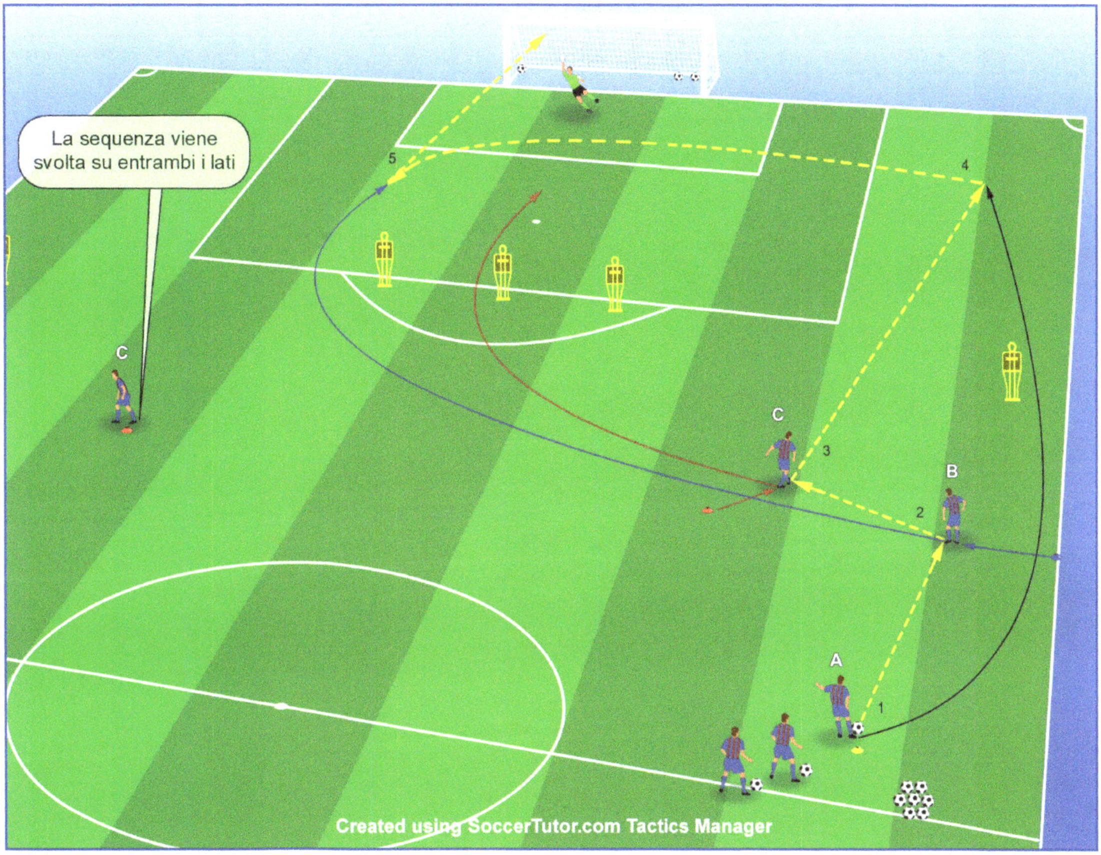

I giocatori svolgono 3 ripetizioni su ogni lato del campo, con 3'-4' di recupero tra le serie.

Descrizione

1. Il giocatore A trasmette palla in avanti verso B, che si muove internamente, dalla linea laterale, per ricevere.

2. B gioca a C, che si allontana dal cono per ricevere.

3. C trasmette in ampiezza e profondità, sulla lunga corsa arcuata di A.

4. A crossa in area di rigore, per i 2 compagni di squadra in arrivo (B e C), che si inseriscono, rispettivamente, verso il secondo palo e verso il centro della porta, arcuando i propri movimenti per aggirare le sagome.

5. B e C cercano di concludere.

6. I giocatori ruotano le posizioni come segue: A -> B -> C -> A.

7. La sequenza viene ripetuta sulla parte opposta del campo.

Fonte: sessioni di allenamento di Pep Guardiola al Barcellona B (2007-08)

Versione italiana in arrivo su **Allenatore.net**

Altri libri grandi disponibili anche de **Allenatore.net**

Altri libri grandi disponibili anche de **Allenatore.net**

PROVA GRATUITA

Specialisti di calcio dal 2001

TACTICS MANAGER
Disponibile in Italiano

www.SoccerTutor.com/TacticsManager
info@soccertutor.com

PC — Mac — soon! — soon! — soon!

 Lightning Source UK Ltd.
Milton Keynes UK
UKHW051024060223
416527UK00005B/56